高雄研究叢刊

旗津的大陳新村——
歷史變遷與認同

作者 周秀慧

高雄研究叢刊序

　　高雄地區的歷史發展，從文字史料來說，可以追溯到 16 世紀中葉。如果再將不是以文字史料來重建的原住民歷史也納入視野，那麼高雄的歷史就更加淵遠流長了。即使就都市化的發展來說，高雄之發展也在臺灣近代化啟動的 20 世紀初年，就已經開始。也就是說，高雄的歷史進程，既有長遠的歲月，也見證了臺灣近代經濟發展的主流脈絡；既有臺灣歷史整體的結構性意義，也有地區的獨特性意義。

　　高雄市政府對於高雄地區的歷史記憶建構，已經陸續推出了『高雄史料集成』、『高雄文史采風』兩個系列叢書。前者是在進行歷史建構工程的基礎建設，由政府出面整理、編輯、出版基本史料，提供國民重建歷史事實，甚至進行歷史詮釋的材料。後者則是在於徵集、記錄草根的歷史經驗與記憶，培育、集結地方文史人才，進行地方歷史、民俗、人文的書寫。

　　如今，『高雄研究叢刊』則將系列性地出版學術界關於高雄地區的人文歷史與社會科學研究成果。既如上述，高雄是南臺灣的重鎮，她既有長遠的歷史，也是臺灣近代化的重要據點，因此提供了不少學術性的研究議題，學術界也已經累積有相當的研究成果。但是這些學術界的研究成果，卻經常只在極小的範圍內流通而不能為廣大的國民全體，尤其是高雄市民所共享。

　　『高雄研究叢刊』就是在挑選學術界的優秀高雄研究成果，將之出版公諸於世，讓高雄經驗不只是學院內部的研究議題，也可以是大家共享的知識養分。

　　歷史，將使高雄不只是一個空間單位，也成為擁有獨自之個性與意義的主體。這種主體性的建立，首先需要進行一番基礎建設，也需要投入一些人為的努力。這些努力，需要公部門的投資挹注，也需要在地民間力量的參與，當然也期待海內外的知識菁英之加持。

　　『高雄研究叢刊』，就是海內外知識菁英的園地。期待這個園地，在很快的將來就可以百花齊放、美麗繽紛。

國史館館長

自 序

　　我的血液流著「外省」與「本省」融合的熱血，先父是 1949 年隨著國軍撤退來臺的阿兵哥，家母是閩南人，我的父母年紀相差 20 幾。

　　小時候，未聞父親談起故鄉與家人，我也沒主動問過，甚至沒有什麼興趣想了解，不知道為什麼，總感覺父親的老家好遙遠。

　　1987 年開放探親，我已念高中，可以照顧妹妹，於是父母一同回江蘇老家，那是他們第一次出國。從此以後，家門口不時傳來「有掛號，拿印章來！」的嗓門，那是老家的書信，內容不外乎有「生病、進修、深造、修房、改建以及修墳」等各種原因，希望先父接家書匯美金。面對頻繁的書信，先父秉持的是一種期待、家母表現的是一種憤慨。而且，不識字的母親有時會攔截中國寄來的信件，要我先瀏覽一遍，看看內容有沒有要寄錢。同一封家書，兩種心情！而我，總是選擇站在母親這一邊，告訴父親不要浪費錢。但，我知道，那是沒有用的。

　　2010 年父親往生，算其在臺生活整整六十餘年，在其遺書字裡行間，多有感念。

　　先父提及其童年面臨日寇侵華、敵機空襲，親眼目睹親人遭日軍槍殺，無醫藥急救，因而流血致死之慘事。圓滿的家庭毀於戰火，小小年紀的他，選擇避難鄉間、寄人籬下，過著顛沛流離的生活……。1949 年撤退來臺前，離別時與他的母親（我祖母）照了張相，這也是父親從家鄉帶來的唯一物品。爾後，立即隨國軍轉進臺灣，時值 22 歲壯年，入臺後更改了名字，以免老家的親人成為逃臺戶受牽連。頓時，我才領悟，老家，對先父而言，不是空間，而是一段時光；先父

對於家鄉書信中之所有請求，都當成了是一種補償。只可惜，隨著父親的往生，老家的所有訊息如煙消雲散。

2015 年我考取高師大臺研所進修，或許是對父親思念的一種轉移吧！因緣際會接觸旗津大陳新村，才知道村民是 1955 年從大陳島來的移民群，透過政府安置在旗津。由於村民與先父皆是從中國撤退渡臺的難民，因此激發我更想要了解村民的歷史脈絡與社會適應的現況。從田野調查得知村民廣泛使用台州話交流；餐桌上時而展現大陳的飲食文化；小小的村落有兩所蔣公廟，供奉蔣公神像及高掛國旗是其特色之一；村內的年輕人普遍外移，高齡長者生活獨立，藉由訪談得知村內許多長輩在 1960-1980 年代曾經遠渡重洋到美國打拚，有些人的後代子女也在美國繁衍了下一代。

本書運用田野調查的深度訪談，這些訪談者有原鄉島民、大陳美國人，也有大陳的在臺子女、實踐新村（大陳新村）周邊的外省人與閩南、客家群體。我期望透過一步一腳印的踏查，為正在凋零、隨著時間默默消失的大陳移民口述，留下點滴在心頭的可徵實錄，他們的訪談資料殊為珍貴，佐以官方檔案公文、報章雜誌與老照片的比對，將助於讀者完整了解大陳人的歷史圖像。

本文記錄著中國、臺灣與美國身分的移民群體，他們歷經了撤離、定居、遷徙、適應、同化的過程。大陳人來臺已超越一甲子，隨著時間的流逝，大陳人對臺灣土地的認同，是不可同日而語的。1955 年大陳的歷史事件或許經由世代交替而逐漸遺忘，然而，自然背景與區域的文化脈絡不斷變遷，大陳文化更需要深入融合於地方，認同旗津，大陳的故事不能斷，我正努力地記錄著。

　　本書整體研究歷時近三年，過程中一開始最困難的是面對大陳耆老說的台州話，我完全聽不懂，而且即便長輩說的是華語，也因為鄉音重，採訪時聽得非常吃力，有時自己感覺像雞同鴨講般，還會再三重複對方的答案，只怕自己聽的有出入。還好，村子裡，不管是大房子、還是小房子的人，每一位都對我非常疼愛與友善，對於我的疑惑總是有問必答。而且，有時採訪村民的時間過於冗長、接近用餐，甚至已是用餐的時刻，村民們都會為我準備碗筷，就因為這樣的機緣，才會曉得原來大陳的麥油煎、炒年糕、蛋酒、魚麵、薑茶麵、糖心糕……是多麼美味，這些坊間看不到的料理令我如數家珍。

　　本案的進行仰賴大量田調訪談，這方面非常感謝感恩堂總幹事林春生先生提供我宗教面向與大陳飲食的認識。也很感謝報恩觀當時的主委陳榮傑先生帶我認識大陳美國人葉冬福先生，從葉冬福的奮鬥經歷，讓我體會「面對機遇，不猶豫；面對抉擇，不徬徨」。王寶君女士非常熱心，經常在我身邊當翻譯，還帶著我認識大陳美國人曹秀姣女士，從她的訪談得知「青春是用來奮鬥的，理想是用來實現的」。尤其，透過小房子的陳香珠女士蒐集的老照片，讓更多的歷史記憶得以在本書呈現，從陳女士的訪談了解「命運就像自己的掌紋，雖然彎曲，卻永遠掌握在自己手中」，如今，其子女事業有成，家庭美滿，在村中傳為美談。

　　另外，我還要感謝大陳耆老，同時也是我參考書目內的作者吳學寶先生，透過吳學寶先生的豐富著作，還原大陳島的人文樣貌、風俗民情，讓後人得以追隨研究，難能可貴。三烊窯葉瑞元老師、高雄市浙江溫嶺同鄉會總幹事莫咸祥先生、前米堤飯店西餐主廚陳永慶先生、《戰爭與遷徙：蔡姓聚落與旗津近代發展》作者蔡佳菁女士、海

岸咖啡負責人曹淑萼女士、實踐里里長楊台生先生，感謝您們提供我寶貴意見。最後，還有許多研究過程中曾經幫助我的貴人，無法在此一一寫上，謹此由衷感謝。

周秀慧

2018 年 11 月

目　次

表　次

圖　次

相　次

第一章　緒論

第一節　研究動機與問題意識

一、研究動機

　　全臺的大陳新村有三十五個，旗津的實踐新村就是其中的一個。2014 年筆者參加鳳山區民學院「咱的鄉土－咱的情」課程，蔡能昇老師曾帶領學員來到「蔣公感恩堂」。當時筆者對「大陳仔」並沒有太多的了解，只是好奇民進黨執政後，曾展開的「去蔣化」行動，很多公共空間已找不到老蔣的雕像，而這個區域的老百姓對蔣中正忠貞不渝，不受任何影響，並豎立「蔣公」雕像做英靈祭祀。

　　爾後，因緣際會參觀了「蔣公報恩觀」後，才知道旗津實踐新村的聚落，有兩處祭拜蔣中正的廟宇。分別是「大房子」的「蔣公感恩堂」與「小房子」的「蔣公報恩觀」。大小房子的稱呼，主要是以當初大陳人來旗津後，一家五口以上住「大房子」，四口以下住「小房子」。兩處廟宇相距約四百公尺，串連大小房子的巷子，步行或機車幾乎都可以相通。走在巷弄裡，偶爾看到小貓、小狗慵懶地趴在地，最常看到的還是坐在屋簷下的伯伯、阿姨。筆者對著他們微笑問候：「伯伯好、阿姨好」，他們總是很客氣地點一點頭、回應筆者，可是當長輩們話匣子一開，問話的時候，筆者實在完全聽不懂、也不知道要回應什麼？除非，我們的身旁有聽得懂台州話的翻譯者解圍。另一項令筆者感到好奇的則是村子裡的建築體。照理說，「新村」是經過政府規畫的社區，透過規劃應該比較整體性，可是這個社區的屋子參差不一，有的鋪著屋瓦、矮矮小小只有一樓高；有的樓高兩層或三層、門面相當寬闊，但是屋內深度卻很淺；有的屋體內沒有廚房，卻是另

外在自宅的對面蓋一間小小的「灶咖」；有的屋體依舊搭著簡易木板和鐵皮，不仔細觀察，你會以為只是一間雜物的貯藏間。

　　筆者好奇著旗津大陳聚落的人、事、物！因為這些看似不起眼的聚落群，長輩甚少與子女同住，高齡八、九十好幾的耆老大多還非常獨立，自己燒飯洗衣，自己搭高鐵去臺中找兒媳，到醫院看病則自己搭車搞定。詢問長輩為什麼不找子女協助？除了回應筆者不打擾小孩上班以外，有些家庭是孩子移民美國定居。筆者才驚訝著眼前的大陳不僅是「外省」簡單的兩個字就足以代表，田調後才明瞭旗津實踐新村根本不是眷村。國防部史政編譯室出版《從竹籬笆到高樓大廈的故事－國軍眷村發展史》中提到，眷村係指「國軍為安定軍心，安頓眷屬所建造的群居聚落」，更具體來說，眷村是由「軍方權責單位核定，在政府所劃定地區興建住所，配予官兵配偶或直系血親居住，並設有眷舍業務處理之管理機構負責管理者……產權屬於國（公）有者為限」，[1] 眷村的住戶只有居住權，沒有建物土地產權；[2] 葉振輝《高雄市社會發展史·移民篇》，眷村土地是國有軍用地，市政府各機關多不管制，但不代表可任意建築，未經核准的建物還是要拆，否則就會被取消居住權，趕出眷村！若要核准自修眷舍也非易事。[3] 這跟大陳人的新村型態完全不一樣，事實上，旗津實踐新村的建物是透過美援會挹注經費所蓋的屋子，土地與建物產權都歸大陳人所有。[4]

1　郭冠麟主編，《從竹籬笆到高樓大廈的故事：國軍眷村發展史》（臺北：史政編譯室，2005），頁 1。

2　李廣均著，〈臺灣「眷村」的歷史形成與社會差異：列管眷村與自力眷村的比較〉，《臺灣社會學刊》，57（2015），頁 129-172。

3　葉振輝著，《高雄市社會發展史·移民篇》（高雄：高雄市文獻委員會，2004），頁 72。

4　行政院國際經濟合作發展委員會，《大陳義胞住宅興建計畫（1955-1963）》，中央研究院近代史研究所檔案館，館藏號：36-18-004-045。

　　人文主義地理學家段義孚（Yi-Fu Tuan）闡述「地方之愛」一詞，指涉「人與地方的情感聯繫」，透過人的感知和經驗，得以從地方來認識世界，並說明地方是做為「關照場域」觀點的基礎。[5] 筆者田調時發現的旗津實踐新村裡許多特殊的建築樣貌形成和跳船跳機者個人生命史，是書本和網路上甚少閱讀到的，尤其，到目前為止，尚未有任何一本專屬於旗津實踐新村的學術論文問世，引發筆者想以在地人的精神，透過鄉土研究，對旗津實踐新村的區域做生動或詳實的敘述，以貼近故鄉的人群，捕捉「地方性的本質」的區域研究，用地方愛來了解他們對這塊土地的生命紀實與撼動，這也是筆者對旗津大陳研究的動機之一。

　　筆者胸前掛著學生證，表明來意後，他們很自然朗朗說起他們的過去。採訪的第一位報導人，正巧從美國回來看爺爺，說起她的父親是跳船過去美國的移民。

　　筆者開始好奇：「他們全家已經是美國公民！美國，那是筆者度蜜月的地方耶，筆者花錢旅遊只能待上九天；而她的父親跳船，家族的劇本，脫貧上演。」雖然時常聽聞美國是一個民族大熔爐的國家，但是這個當年非法入境的案子硬生生的橫在筆者眼前時，還真難以相信，而且站在報導人身旁的二叔，是以商務考察名義跳機，現在同樣是美國公民。目前，兩人正巧只是回國探親。

　　報導人不諱言地告訴筆者，旗津實踐新村裡跳船跳機的事件非常普遍，因為 1955 年大撤退，當時來到臺灣，身無長物，語言隔閡，父執輩教育程度不高，多是文盲，求職不易，生活疾苦。所幸政府加

5　Tim Cresswell 著，徐苔玲、王志弘譯，《地方：記憶、想像與認同》（臺北：群學，2006），頁 35。

強輔導轉業，村裡很多人跑商船，船隻到美國一靠岸，不少人就跳船當偷渡客了。後來多數在華裔的餐館從事洗碗工，反正洗碗也不用講話，賺的都是美金，雖然跟家人分隔兩地，一邊洗碗一邊哭，因為洗的碗「好珍貴」啊！賺的錢每個月都寄回家。

美國史家卡爾‧貝克（Carl L. Becker）〈每個人都是他自己的史家〉，[6] 筆者記錄的每個大陳移民，他們名不經傳、甚至曾經非法偷渡到美國，但是透過筆者誠懇與熱忱，他們很願意跟筆者分享，希望把這些大陳人再移民的辛酸史變成一幕正面的奮鬥史，激勵年輕人，也喚醒大陳的後代子孫——你們的爺爺奶奶、爸爸媽媽曾經歷無數的艱辛與冒險，才有你們平安富足的生活。

因此筆者希望透過對旗津實踐新村移民的聚落發展做研究，讓大家可以了解旗津實踐新村居民的歷史性、社會生活、信仰文化。畢竟從大陳轉進臺灣，在 1955 年是一個重要的歷史事件，原本的大陳百姓以為不久即將回去，怎麼知道這一走，就是一輩子，形成了「家鄉變異鄉、他鄉變故鄉」的現狀。

二、問題意識

令筆者感到弔詭的是旗津實踐新村裡盛行著大陳子弟的跳船跳機事蹟。蔣中正父子倆當年將大陳人帶離飽受戰火摧殘的大陳島，轉進臺灣，這個重要的歷史事件，讓大陳人餘悸猶存；而且對於大陳人來臺後的安置與輔導在史料檔案上也多所記載。[7] 但是為什麼大陳子弟

6　Carl L. Becker 撰，黃煜文譯，〈每個人都是他自己的史家〉《歷史臺灣第八期：大眾史學專題》（臺南：國立臺灣歷史博物館，2014），頁 151-166。

7　行政院國際經濟合作發展委員會，《大陳義胞安置計畫總卷（1955-1958）》，中央研究院近代史研究所檔案館，館藏號：36-18-004-039。

還要逃離這個國民黨政權安排的家，逃離曾是蔣中正父子透過美國派遣第七艦隊護航計畫的家，再次遷徙到美國定居，從事沒有身分的黑工？當這群移民美國的大陳人被問起國家與族群的認同時，「家」與「國」的情感認同在大陳人的生命歷程經驗裡，又扮演著什麼樣的角色呢？

隨著天候漸漸轉涼，吹起陣陣東北季風，廟前曝曬的是一排排鰻魚乾、鯖魚乾和老酒炒過的薑片。筆者問起身旁的報導人，什麼時候回去美國？報導人告訴筆者，「蔣公報恩觀漁師大神壽誕辦桌，我們吃完才離開，到時候很熱鬧，妳一定要來參加喔！」小小的村落，依舊保有大陳原鄉的獨特記憶，不論是對家鄉飲食文化中曬魚乾、薑酒片的大陳料理，抑或是對「大陳神明」的祭祀情形。

筆者非常好奇居民與新村內兩所「蔣公廟」的關係。兩所「蔣公廟」的建立，是在 1975 年蔣中正逝世時，大陳人為感念其德澤，先在中洲三路的電信局位置所搭建的一所簡易靈堂，擺放其遺照追思；後來大、小房子的居民各自在居住地附近，隨意找一塊地，運用碼頭卸貨的墊材搭建「蔣公廟」。雖然廟宇名稱是「蔣公感恩堂」、「蔣公報恩觀」，並都有供奉「蔣公」神像，然而，不約而同地，兩座廟宇皆是原鄉神明的壽誕才是新村的年度重要慶典，才是凝聚整個新村的交融時刻，而並非以「蔣公」誕辰日為旗津大陳移民的歡喜慶典。那為什麼大、小房子的廟宇不叫「觀音廟」、「三官大帝廟」、「阮弼真君廟」或「漁師大神廟」呢？旗津大陳移民跟「蔣公」的連結，是否有更深一層的涵義？

既然廟宇的建立，是當地大陳居民隨意找地搭建，那麼，筆者推測當時新村周遭的土地使用情況，是否也會有隨意找地搭屋居住的類似情形？然果真如此，旗津大陳與蔣中正的連結，在當時國民黨執政

時期，是否讓住在旗津的大陳人以為擁有「老蔣」的招牌下，任何事情都可以合法性，讓隨意使用或居住的土地就地合法？是否讓住在美國的「大陳義胞」在「老蔣」的招牌下，「義胞」依舊被定義是忠貞的國民黨員，雖然人不在臺灣，但是內心是跟隨著黨，只要黨需要他們效勞，他們也會義不容辭？

隨著國民黨政權更迭，感恩堂在大陳第二代與第三代子弟的廟方委員提議指出，觀音菩薩理當比蔣中正地位隆崇，理當換位，而且獲得耆老支持。[8] 於是，在 2006 年底經由觀音擲筊的允諾，擇日將蔣中正跟觀音菩薩主次易位。[9] 令筆者讚嘆不知是「蔣公」英明抑或菩薩法力無邊，廟方擲筊後，「蔣公」順勢退位，陪祀在主神觀音菩薩左邊。而寺廟原本是隨意找的土地蓋起的，2012 年 5 月 25 日財政部國有財產局發文開始徵收租金並往前追討七年。

因此本文想要釐清以下幾個問題：

(一) 這些當年義無反顧、捨棄家園，認同蔣中正的「大陳義胞」，為何會一一悖離，踏上遷徙之路，來到美國土地？他們對家與國的情感認同是如何？

8　報導人周普法，1921 年次，出生地：下大陳，口述並錄影。採訪日期：2017 年 4 月 7 日。周先生是「蔣公」廟宇改建發起人之一，也是第一代發起人唯一生存者，他提到家鄉觀音的神格比「蔣公」崇高，主祀理當是觀音，而且周先生曾在鼓山區車禍被計程車追撞壓過，結果腳踏車毀損，人卻毫髮無傷，感恩觀音菩薩當下拯救。

9　〈臺灣人不只要慶祝老蔣生日，還要當神拜！外國人都驚奇的全臺「蔣公廟」總整理〉，《風傳媒》，2016 年 10 月 28 日。資料檢索日期：2017 年 1 月 8 日。網址：www.storm.mg/lifestyle/161488。

（二）為什麼大、小房子的「蔣公廟」都有祭拜原鄉的信仰？原鄉的神明
　　　壽誕才是旗津大陳人的交融日子、以及所有大陳人高度凝聚的時
　　　刻，但是廟名偏偏與「蔣公」有關，是否蘊含其他意涵？

（三）經過一甲子，「大陳義胞」的公共論述逐漸消失，旗津大陳人的自
　　　我認同與凝聚共識是如何表現？

第二節　研究回顧

　　在相關研究的成果分為幾類，如：大陳原鄉與歷史的相關研究、
旗津「沙仔地」的相關研究、離鄉背井的相關研究、建構身分認同的
相關研究，根據上述幾類研究成果做探討，做為筆者杷梳大陳撤退之
重大歷史與大陳人在臺的社會生活、文化脈絡之再現的必備知識。

一、大陳原鄉與歷史的相關研究

　　陳仁和編著的《大陳島—英雄之島》[10]、文化部出版的《島嶼碼頭
新故鄉－大陳島撤退影像紀實》[11] 等研究，是認識大陳的原鄉環境與
轉進臺灣的入門基礎，而且有中央社記者拍攝的珍貴照片對照，對於
早期大陳島民生活、四時習俗、在臺的安置計畫皆有概略分析。吳學
寶編著的《溯源》對大陳地名、地理位置、地景樣貌多有照片對照撰
述，書中的「海中眺望下大陳魚師廟」[12] 是報導人張學壽分享他與家人
回到大陳島時，也安排觀光位於下大陳城外五虎山麓的「魚師廟」，

10　陳仁和編著，《大陳島—英雄之島》（臺北：作者，1987）。
11　文化部，《島嶼碼頭新故鄉－大陳島撤退影像紀實》（臺北：文化部，
　　2014）。
12　吳學寶著，《溯源》（臺北：六景，2010），頁 28。

順道與高齡九十好幾的廟婆合影留念。[13] 這裡原先也是下大陳地指揮
所，蔣中正曾到此地休息過，[14] 而且魚師廟旁的防空洞，入口處隱密
難尋，只有當地人才知道，走到洞的盡頭是一片茫茫大海，也是大陳
人撤退前三個月，蔣經國在防空洞內坐鎮指揮大局，[15] 更是大陳島民
連結蔣經國共患難的歷史記憶。

　　臺北縣浙江省溫嶺同鄉會編印的《大陳遷臺五十週年紀念特刊》[16]
，由於文章的內容多是大陳長輩撰寫，關於大陳原鄉之宗教信仰、地
景追憶、在臺求職求學生涯與來臺五十年概況，可以藉此了解大陳人
在臺的發展趨勢，做為研究大陳人就業後續發展的依據，如：王傳達
〈大陳人的奮鬥精神〉[17]，提到大陳人跳船前往紐約淘金夢，同鄉彼此
照顧介紹，賺來的美金除了部分寄回臺灣奉養雙親生活外，儲蓄開餐
館、當起老闆並移民美國的例子。另外，書中有美國波士頓大陳同鄉
會員和前總統馬英九先生合影，[18] 2005 年臺北市長馬英九拜訪波士頓
大陳同鄉會時，正式宣布參選國民黨黨主席，藉此展現海外的「大陳
義胞」與國民黨良好關係。

13　報導人張學壽，1929 年次，出生地：下大陳，口述並錄影。採訪日期：
　　2016 年 5 月 22 日。

14　劉毅夫著，《風雨十年－一個戰地記者的見證》（臺北：華視文化，1992），
　　頁 85。

15　〈大陳義胞徒手挖防空洞，讓蔣經國躲過轟炸〉。資料檢索日期：2016 年 12
　　月 12 日。網址：http://hurt633.pixnet.net/blog/post/27992131-%E5%A4%A7%E
　　9%99%B3%E7%BE%A9%E8%83%9E%E5%BE%92%E6%89%8B%E6%8C
　　96%E6%B4%9E---%E8%AE%93%E8%94%A3%E7%B6%93%E5%9C%8B%
　　E8%BA%B2%E9%81%8E%E8%BD%9F%E7%82%B8%E2%80%A6。

16　臺北縣浙江省溫嶺同鄉會編印，《大陳遷臺五十週年紀念特刊》（臺北：楨
　　平，2005）。

17　王傳達著，〈大陳人的奮鬥精神〉，《大陳遷臺五十週年紀念特刊》，頁 52-56。

18　臺北縣浙江省溫嶺同鄉會編印，《大陳遷臺五十週年紀念特刊》，頁 180。

大陳與一江山島臍帶相連的關係，在丁雯靜、唐一寧所撰寫《最後島嶼紀實：台灣防衛戰 1950-1955》中，清楚描繪一江山島是浙江省臨海縣管轄的一座小島，共轄北江山與南江山兩島，中間隔著一條寬約三百公尺的狹長水道，形如內江，地質皆為岩石，無法耕種，沒有居民，飲水端賴積泉。然而，這個無人的礁島，在過去只是海門等處漁民避風的地方，在 1950 年代國共內戰的期間，則是國軍觀察海門共軍海上活動的最佳地點與大陳島北方的屏障，具有監視共軍與掩護大陳軍民的雙重任務。因此要攻打大陳島，必先攻佔一江山。丁雯靜、唐一寧訪談了當時一江山戰俘的陳小斌，戳破一江山戰役全數犧牲的史實，戰俘悲歌，倖存者曾經是個禁忌，陳小斌於 2011 年 2 月 16 日，經由國防部公開迎接一江山戰俘，返回臺灣，頒給身分證與獎章執照，在皓首白頭的年紀與戰友們在一同保衛的臺灣終老。[19] 不過該書最後一章在大陳島的部分，有關於大陳人在臺灣重生的訪談則過於簡單，不夠細膩；另外，在異地求存的內容上，訪談也不夠豐富，這是筆者認為較可惜的地方，因為超過一甲子的大陳移民也經過幾個世代，理應有更多值得探討的移民與社會適應問題，引發筆者以在地人的精神想一探究竟並深入研究。

二、旗津「沙仔地」的相關研究

大陳人安置的旗津實踐里又稱為「沙仔地」，據曾玉昆《高雄市地名探源》，「沙仔地」為旗津區旗後街的南半部，包含至第八船渠處，即慈愛里、安樂里、復興里、實踐里、北汕五個里。原是一片沙質墓地。日治之前，雜草叢生，人煙稀少。日治之後，日人強迫遷墓，改

---

19 丁雯靜、唐一寧撰文，《最後島嶼紀實：台灣防衛戰 1950-1955》（臺北：時周文化，2012），頁 186-226。

為建地。但民眾以其地基不穩為由,不願遷入墓區。[20] 蔡佳菁《戰爭與遷徙:蔡姓聚落與旗津近代發展》談到自己蔡氏祖先從福建泉州輾轉遷徙到臺灣「高雄州岡山郡彌陀庄蚵子寮字下蚵子寮 128 番地」,由於左營海軍擴建(第二次世界大戰)的關係,蔡姓家族於昭和 15 年(1940)從下蚵仔寮(今梓官區)搬移到大汕頭(今旗津區南汕里),後來因為大汕頭漲潮,海水倒灌淹水的原因,再於 1947 年搬至「沙仔地」(今旗津區實踐里);隨著「海軍第四造船廠」擴建(國共內戰)因素,蔡姓家族於 1988 年,再度遷徙,從沙仔地搬至龍海社區國宅(今旗津區中華里)。[21] 書中提到的「沙仔地」就是大陳人來旗津的居住地,此書間接提供筆者得知「沙仔地」聚落在 1950 年代有「閩南」、海軍造船廠的「外省」與「大陳」三大群體,隨著海軍的擴建計畫搬遷,至今形成了「大陳」群體聚集非常密佈的區域。

三、離鄉背井的相關研究

謝高橋《都市人口遷移與社會適應－高雄市個案研究》乙書中談到推拉理論(push-pull theory),強調遷移的情境取向,影響人口遷移的過程,可以分成原居住地社會經濟的因素、中間阻礙的因素,及目的地社會經濟的因素。然而一個地區本身對遷移者而言,則同時存在著吸引某些人的拉力、排斥某些人的推力,也有些因素對某些人而言是無關緊要,其存在影響著遷移者的遷移決策。當一地區的推力大於拉力時,會導致居民遷移的現象;反之,當一地區的拉力大於推力

20　曾玉昆著,《高雄市地名探源》(高雄:高雄市文獻委員會,1997),頁 47。

21　蔡佳菁著,《戰爭與遷徙:蔡姓聚落與旗津近代發展》(高雄:春暉,2016),頁 7-8;黃耀能總纂、張守真協纂,《續修高雄市志‧卷六‧工務志都市計畫國宅篇》(高雄:高雄市文獻委員會,1996),頁 263。

時，則會吸引居民的遷入。在推拉因素的分析，遷移被視為是原居地
與目的地之推力與拉力相互作用的結果。[22]

　　大陳來臺的居民，生活習慣、文化、語言與臺灣百姓迥異，漁
民不諳太平洋海象，不但無法溫飽，反而還會葬送性命。分配務農的
人，土地大多是石礫河川地，即使在臺糖公司種植甘蔗，以日計薪的
僱農，經常也面臨無工可做。在旗津實踐新村的田調發現，新村裡
有許多大陳人一開始並不是分到旗津從事碼頭工作，很多是來自於東
港、五房、高樹、林園……，因為受僱臺糖種植甘蔗的薪水養不起家
人、獲分配的田地種不出賣錢的農作物，近海也捕不到魚，只好再
次遷徙，選擇來到旗津。1960 年代後，政府開始對「大陳義胞」進行
第二次輔導，尤其是輔導青年轉業海員。經交通部同意後，大陳子弟
參加海員訓練，前後將近六年的時間，大陳青年成為航海界的生力
軍，人數達三千兩百多名，根據當時海員工會的統計，大陳海員已達
到臺灣全體船員的十分之一。大陳人開始從事商船工作，有的人一有
機會就跳船到美國，非法打工賺錢。于宗先、王金利的《臺灣人口變
動與經濟發展》分析臺灣國人在 1969 年到 1996 年的淨遷出，人數達
228,910 人，移居國外者第一名就是美國。[23]

　　為什麼當初跑商船的大陳子弟，遊歷世界各地後，會紛紛選擇美
國做為跳船的國家呢？筆者認為這與美國對華移民政策的放寬跟大時
代的事件有絕對的關係。

22　謝高橋著，《都市人口遷移與社會適應－高雄市個案研究》（臺北：巨流，
　　1981），頁 21。

23　于宗先、王金利著，《臺灣人口變動與經濟發展》（臺北：聯經，2009），
　　頁 52。

　　1882 年美國訂立著名「排華法案」，所有新來與出入美境的華僑，都必須經過移民局詳加調查後才可放行，華人抵達美國時不准會見親友，須隨時接受移民局人員審查詢問，所以當初「排華法案」施行時，來美華僑都必須被拘留在三藩市旁太平洋郵船卸貨棧房之木屋。時至 1902 年，移民總局長沙展，前往該木屋巡視時，認為屋況急需改善，因此乃要求當局撥出經費，在天使島建立較完善的移民拘留所，工程完工於 1908 年 10 月，1910 年 1 月 21 日始正式開幕。天使島在三藩市灣中，由三藩市船隻來往，每次費時需四十分鐘，地形四面環海，僑社對此新建的候審所，絲毫不感到興趣，並視為閻羅殿。[24]

　　劉伯驥的著作《美國華僑史續編》中敘及，二次世界大戰爆發，1941 年 7 月開始，在美的華人紛紛被徵入伍，美國國防部未有正式統計，但徵兵總局得到華人在陸軍服役者之數字，為 13,311 名；海空軍方面，未有統計數字在內。[25]

　　2011 年世界新聞網刊登，美國每一年都會舉辦一系列的活動來緬懷參與第二次世界大戰犧牲的戰士，而且向健在的二戰老兵致敬，聖地牙哥中華歷史博物館還編纂出版《透過英雄們的眼睛》（英文書名：*Through the Eyes of Heroes: A Tribute to San Diego's Chinese American Veterans*），書中肯定華裔在二戰時對美國的貢獻，響應美國政府召喚從軍參戰者超過 2 萬之眾，[26] 占當時全美華人的 20% 左

24　劉伯驥著，《美國華僑史續編》（臺北：黎明，1981），頁 99-100。

25　劉伯驥著，《美國華僑史續編》，頁 699。

26　〈華裔美軍二戰建功立業〉，《世界新聞網》，資料檢索日期：2016 年 11 月 17 日。網址：http://www.worldjournal.com/2062734/article-%E8%8F%AF%E8%A3%94%E7%BE%8E%E8%BB%8D%E4%BA%8C%E6%88%B0%E5%BB%BA%E5%8A%9F%E7%AB%8B%E6%A5%AD/。

右，見表 1-1。[27] 這樣高的入伍比例，最能反映華人與僑居國休戚與共的襟懷。

表 1-1　全美人口數、全美華人人口數（1940-1990）

年代	全美人口數	全美華人人口數	華人比例	華人增減比例
1940	132,165,129	106,334	0.08%	N.A.
1950	150,697,361	117,140	0.08%	10.2%
1960	179,323,175	237,292	0.13%	102.6%
1970	203,235,298	435,062	0.21%	83.3%
1980	226,545,805	806,027	0.36%	85.3%
1990	249,948,000	1,645,472	0.66%	104.1%

資料來源：華僑經濟年鑑編輯委員會，《華僑經濟年鑑》（臺北：世界華商貿易會議總聯絡處，1991），頁 544-545；及關春如著，《美國華僑概況》（臺北：正中書局，1988），頁 62-63；70。周秀慧整理。

　　1950 年 6 月起發生的韓戰，成為全球大冷戰中第一場熱戰，東亞局勢轉變，也讓臺北的國民黨政府與華府的軍事、外交決策，出現新的變化。[28] 中共及共產國際勢力的擴張，促使美國國內泛起強烈的反共情緒－麥卡錫主義（McCarthyism），中共與世界的隔絕，甚至不承認雙重國籍，在美華人因此與祖國中斷，回不去的華人選擇在美國工作且定居。梁靜源著《美國華工田園生涯》（*ONE DAY, ONE DOLLAR: The Chinese Farming Experience in the Sacramento River*

27　陳靜瑜著，《從落葉歸根到落地生根：美國華人社會史論文集》（臺北：稻鄉，2003），頁 104。

28　林孝庭著，《台海‧冷戰‧蔣介石：解密檔案中消失的台灣史 1949-1988》（臺北：聯經，2015），頁 76。

Delta, California）書中提及，1965 年甘迺迪總統取消移民限制，[29] 美國國會通過「移民與國籍法修正案」，修改種族歧視的移民政策，移民配額不再根據國籍、種族或祖先不同，而是強調家庭團聚與美國勞力市場的需求，中國移民人數不斷地增加。基於人道考量，根據聯合國大會通過〈世界人權宣言〉（Universal Declaration of Human Rights）第十三條，每個人都有離開任何國家的權利。第十六條表示，每個人都有結婚的權利，所以家庭是基本的社會單元，應受社會國家保護。同樣的，在國際勞工組織的「1975 年移民勞工建議書」（Migrant Workers Rcommendation of 1975）也呼籲各國要盡力協助讓移民家庭能夠團圓。[30]

　　大陳子弟經過第二次就業輔導，有人接受海員訓練，跑商船到達美國的岸邊，就順勢跳船上岸，彼得・史托克（Peter Stalker）《國際遷徙與移民：解讀「離國出走」》，分析移民大多從事「dirty（骯髒）、dangerous（危險）、difficult（困難）」，也就是典型的「三 D 勞動」，[31] 因為外來移民的勞工，不計較工作保障和職務升遷權益，所以當初跳船、跳機非法進入美國的大陳子弟，往往從事條件差又不穩定的工作，筆者在旗津田調跳船、跳機事件的報導人，從事洗碗工、打雜、農莊都是實例。

---

29 梁靜源著，《美國華工田園生涯》（ONE DAY, ONE DOLLAR: The Chinese Farming Experience in the Sacramento River Delta,California）（臺北：文史哲，1994），頁 19。

30 〈世界人權宣言〉全文，資料檢索日期：2016 年 11 月 15 日。網址：http://www.un.org/zh/universal-declaration-human-rights/。

31 彼得・史托克著（Peter Stalker），蔡繼光譯，《國際遷徙與移民：解讀「離國出走」》（臺北市：書林，2002），頁 11。

美國歷史學家特納（Frederick J. Turner）提出「邊疆理論」（Frontier Thesis），認為在美國的拓荒者或移民者在新環境，建立起自給自足的粗獷性格，自認對環境有某種程度的主宰，並感到個人的重要，這些都提供自立自強的基礎，[32] 促使大陳人在美國刻苦耐勞的奮鬥，力求實現心中的夢想，並得以承先啟後，開花結果，對當地經濟有貢獻、且地位得以改進、家人生活得以改善。姚誠主編《從「異鄉」到「家鄉」－花蓮大陳聚落生活文化田野紀實》，也記載〈海外打拼有成的大陳人－吳繼福〉是花蓮第一個跳船到美國的船員，[33] 胼手胝足、白手起家開餐館，這就是特納「邊疆理論」的精髓。

柯凱珮碩論〈大陳人移民經驗的認同歷程〉，[34] 採訪大陳的第一代與第二代，談到他們之間對身分認同的問題探討，是很有趣的。年輕一代的大陳居民對於「義胞」一詞的價值，認為在今天已沒有太大意義，大陳人正面臨著臺灣土地認同與過去中國意識價值的衝擊。國家的情感結合從以往的反共逃難、家國情懷而逐漸在臺灣情境化了。那麼，筆者更好奇移民美國的大陳人被問起國家與族群認同時，「家」與「國」的情感認同在大陳人的生命歷程經驗裡，是扮演著什麼角色呢？他們在海外又是如何凝聚情感呢？

在許烺光著《美國夢的挑戰：在美國的華人》中，說明了在美國的華人組織裡，有類似親屬關係的同姓或外姓合組的「宗親會」；除此之外，則是以強調地域性，珍視地域關係組成的「同鄉會」或「會館」，「同鄉會」或「會館」兩個名詞是通用，唯一不同的是，當此類

32　許烺光著，單德興譯，《美國夢的挑戰：在美國的華人》（臺北：南天，1997），頁 49。

33　姚誠主編，《從「異鄉」到「家鄉」：花蓮大陳聚落生活文化田野紀實》（花蓮：花蓮縣文化局，2002），頁 53-55。

34　柯凱珮，〈大陳人移民經驗的認同歷程〉（花蓮：國立花蓮師範學院多元文化研究所碩士論文，2002）。

的組織擁有自己的建築物時，通常叫「會館」。而「同鄉會」或「會館」，長久以來是離開家鄉的華人的組織。[35]

電視節目〈臺灣演義〉製作的「1955 最後大撤退」，談到了 1979 年政府開放觀光，許多大陳婦女因此透過探親的名義，觀光赴美，跳機非法打工。當初滯美的大陳人成立「同鄉會」，一度還高達 38 個分會。[36] 跳船、跳機到美國的大陳子弟，落足地以美國各大港口居多，如：紐約、華盛頓、波士頓，這些地方的華埠，即唐人街，有很多的中國餐館，工作機會也多，所以很多上岸美國的大陳人便加入中國餐館工作，從洗碗工做起，憑著刻苦的天性，升上大師傅。而且隨著賺來的美金，寄回臺灣，改善家庭生活經濟後，刻苦耐勞、生活簡樸的大陳子弟還會一個介紹一個，彼得・史托克（Peter Stalker）指出：「移民對遷徙目的地的選擇，也受到移民網絡的強烈影響。移民多傾向於選擇那些較可能得到接納，而且有同胞及親朋好友幫助的地方，充分利用早期開路先鋒所建立的跨國聯繫和合適移民的聚落。」[37] 1980 年代美國各大城市幾乎都有大陳人開設的餐館，江浙菜、湖南菜……，對大陳人來說是屬於功夫菜，大陳鄉親在美人數保守估計達六千人以上。[38]

四、建構身分認同的相關研究

陳緯華、張茂桂的〈從「大陳義胞」到「大陳人」：社會類屬的生成、轉變與意義〉一文中提到，「大陳義胞」是在國家戰爭論述與輔導

35　許烺光著，單德興譯，《美國夢的挑戰：在美國的華人》，頁 55-56。

36　2016 年 4 月 3 日〈臺灣演義〉，「1955 最後大撤退」，資料檢索日期：2016 年 11 月 9 日。網址：https://www.youtube.com/watch?v=vc4mDiacgec。

37　彼得・史托克著（Peter Stalker），蔡繼光譯，《國際遷徙與移民：解讀「離國出走」》，頁 63。

38　王傳達著，〈大陳人的奮鬥精神〉，《大陳遷臺五十周年紀念特刊》，頁 54。

制度下被創造出來的，並以正當性的基礎由國家挹注資源幫助大陳人獲得現實的生存，[39] 然而事實真是如此嗎？如果「大陳義胞」的類屬內涵是忠義愛國，並致力反共復國來定位自己在臺灣的存在意義，那麼對於 1970 年前後跳船、跳機到美國打黑工的「大陳義胞」而言，是否反映著「大陳義胞」不愛國了？「大陳義胞」的安置是有問題的？還有「大陳義胞」的身分並沒有想像的管用？

隨著 1970 年代後開始在各大陳新村廟宇的建立，「大陳神明」的廟會中，大陳人相互交融，廟會結束返家後帶著更新強化後的「大陳身分」重新回到日常生活，這對他們來說是很重要的滿足，做為新的「大陳人」身分認同於是被建構出來。傳統上每年大陳村廟的定期廟會，許多遷出的村民都會回家參加廟會，村民大老遠地趕回新村參加廟會，而且參加廟會的人不只是原來新村的居民，這使得新村廟會相當熱鬧，有些還會集體租用遊覽車參加廟會，甚或遠從美國趕回臺灣參加的。

另外，何政哲〈大陳過臺灣──1950 年代新移民的個案研究〉提到大陳新村內部結構鬆散、自治能力薄弱！[40] 此點筆者與何氏看法不同，經筆者田調發現，旗津實踐新村內部自治能力十足，向心力強，對於「大陳神明」的廟會、鄉親往生摺元寶、燒庫屋庫錢、每週四下午村民無償帶頭做氣功養生操、或公部門舉辦的活動，如：「大陳美食節」、「大陳故事館」，都可以看到新村內男女老少，村民參與聚落的活動力充沛。

39　陳緯華、張茂桂，〈從「大陳義胞」到「大陳人」：社會類屬的生成、轉變與意義〉，《臺灣社會學刊》，27（2014），頁 51-95。

40　何政哲，〈大陳過臺灣──1950 年代新移民的個案研究〉（臺北：淡江大學歷史學系碩士班碩士論文，2004），頁 148。

其他旗津大陳相關的專書有陳奕齊《打狗漫騎—高雄港史單車踏查》[41]、王蜀桂《黃昏的歌聲～旗津阿嬤的生命故事》[42]、林佩穎與李怡志《港都人生　旗津島民》[43]、高雄市關懷臺籍老兵文化協會《旗刊》[44]，記錄在旗津實踐新村的歷史與聞人軼事，筆者藉由上述前人之專書研究，做為文本參考的依據、研究的基礎，並進一步詳述旗津大陳移民的歷史事件與社會樣貌、風俗文化。

期望讀者透過此文，感受報導人在 1955 年最後大撤退時，下船的神韻、基隆港口的驚喜、臨時接待所的歇留、坐著鐵路到高屏、各接待所的暫時安置、吃大鍋菜的光陰、填寫職業的賭注、被分發的命運、入住新居的喜悅、在碼頭扛白糖的苦力、第二船舶合作社的期待、報考海員的幸運、放手一搏的跳船、無法跳船改跳機的機靈……，這一幕幕感動心弦的紀實，透過筆者一步一腳印，踏查實踐新村正在凋零並隨時間默默消失的大陳移民口述採訪得知。

第三節　研究範圍與對象

當初政府贈與旗津「大陳義胞」房屋合計 118 戶，計 495 人，[45]「大、小房子」分別都是落在「北汕尾巷」的位置，並稱為「實踐新村」。

41　陳奕齊著，《打狗漫騎－高雄港史單車踏查》（臺北：前衛，2015），頁 249-288。

42　王蜀桂著，《黃昏的歌聲～旗津阿嬤的生命故事》（高雄：良格，2007），頁 11-21。

43　林佩穎、李怡志著，《港都人生　旗津島民》（新北：木馬，2016）。

44　旗津民間博物館計畫，《旗刊》，3（高雄：高雄市關懷臺籍老兵文化協會，2014 年）。

45　行政院國際經濟合作發展委員會，《大陳義胞住宅興建計畫（1955-1963）》，中央研究院近代史研究所檔案館，館藏號：36-18-004-045。

但是筆者田調的過程中，發現訪談的大陳移民落腳地除了美援贈與在「北汕尾巷」的「實踐新村」外，在「中洲三路」巷弄上與局部非美援蓋贈的北汕尾巷，居住著很多的大陳移民；還有一部分村民是早期在中洲三路 374 巷上自行搭建住屋，後來受到海四廠擴建的因素遷移，與海軍更換「土地」，隨後多集體搬移至「復興三巷」定居。

另外，還有在 1964 年後，政府對大陳人第二次加強就業輔導，從全臺各地搬遷來旗津的大陳居民，[46] 或是經歷約十年的光景，大陳子女陸續成家立業，原有美援贈與的「實踐新村」房屋已不夠居住，便在新村附近，沿著既有的新村屋體或空地搭建的就地合法建築群。[47]

因此，在本文中，如果只侷限美援贈與的實踐新村移民為訪談對象，則會有以偏概全的盲點，簡化大陳人撤退來臺的社會適應、居住的經驗。為了更清楚得知大陳移民撤退來臺後的歷史文化脈絡性，筆者認為，研究美援與周遭的建築群聚落，有助於讀者了解大陳人歷史圖像的完整性，參考圖 1-1。

---

46 臺灣省政府於 1967 年 3 月呈報中央，各廳處輔導大陳義胞重輔導成效報告摘要：建設廳介紹數百名義胞到高雄、基隆碼頭工作，陳仁和編著，《大陳島—英雄之島》，頁 261。

47 筆者在研究旗津大陳新村中，美援興建的大房子、小房子都在北汕尾巷，但沿著北汕尾巷外面的中洲三路 290 巷、374 巷、374 巷 63 弄的房子與局部非美援蓋贈在北汕尾巷的房子，大多是大陳村民自行獨立搭建的房子。其興建年代約民國 50 年左右，當初搭建的建材，多是大陳子弟從碼頭帶回的墊材，隨意搭建的木造房子。隨著美援贈與屋子的成員分家就近照顧、或第二次政府輔導大陳就業人口的移入等因素而形成，也有海軍與眷屬的眷村拆遷遺留的人口移入與少數閩南群體。

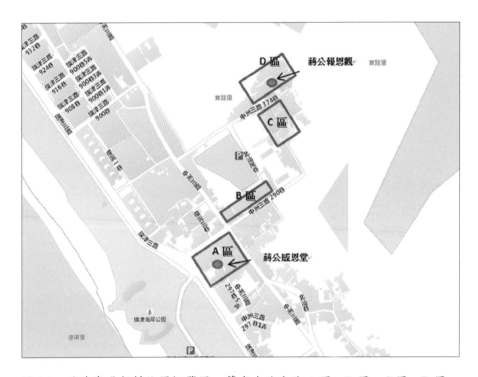

圖 1-1　旗津實踐新村位置概覽圖，筆者在此分為 A 區、B 區、C 區、D 區。
　　　　B 區是美援蓋建的「大房子」、C 區是美援蓋建的「小房子」。
資料來源：底圖採用 GIS《臺灣百年歷史地圖》之臺灣通用電子地圖，周秀慧
繪製示意圖。

第四節　研究方法與素材

　　研究的過程將以研究素材、田野訪談、參與研究為主要研究方
法，蒐集這三大類的資料交叉驗證，做為研究的依據，剖析大陳轉
進、聚落生活與原鄉信仰，書寫旗津實踐新村歷史變遷的小故事。

一、研究素材

在素材方面有：地方志、中央研究院近代史研究所的檔案、報紙與中文書目。

（一）浙江地方志集成

大陳島的行政區域屬浙江省台州市，先民自明末以降，多由浙江台州的臨海、黃岩、太平（1914年改為溫嶺）三縣遷入，因此《嘉慶太平縣志》[48]與《臺州府志》[49]的風俗人文和地理景觀可做為認識大陳島原鄉的基礎，幫助在研究有關原鄉之人文習俗、歷史背景的參考基礎。

（二）中央研究院近代史研究所檔案

官方的檔案具有公信力，是非常重要的史料，與本文有關的公文包括：《大陳地區反共義胞來臺輔導委員會組織規程（1955.02）》、《大陳義胞住宅興建計畫（1955-1963）》、《大陳義胞安置計畫總卷（1955-1958）》、《大陳義胞安置計畫總卷（1958-1962）》、《大陳新村發展計畫（1958-1962）》、《大陳新村發展計畫（1961-1973）》、《大陳義胞新村衛生設備計畫（1955-1958）》，透過官方的公文，並以相關研究和田野調查做為輔助，修正官方的單一立場。

（三）報紙

利用聯合知識庫與國立公共資訊圖書館查詢的《聯合報》、《中央日報》，對於大陳人的安置、輔導就業、追悼一江山烈士以及大陸救

---

48 清・慶霖修、戚學標等纂，《嘉慶太平縣志》（上海市：上海，1993）。
49 清・張聯元主修，《臺州府志》（臺北：東方文化，1970）。

災總會對大陳民眾的關懷都有刊登，是還原歷史現況不可或缺的報導來源。

(四) 中文書目

筆者希望蒐集國共內戰與臺灣定位的問題，能夠更清楚知道臺美關係、以及在國際扮演的角色，此部分的專書有：《冷戰中的兩面派：英國的臺灣政策 1949-1958》[50]、葛超智（George H. Kerr）《被出賣的臺灣（重譯校註）》[51]、陳儀深《臺灣國家定位的歷史與理論》[52]、許慶雄《臺灣的國家定位》[53]；在期刊論文則有：張淑雅〈杜魯門與臺灣〉[54]與〈中美關係白皮書的影響〉[55]，期許不僅只從大陳單一文獻著手，而是以更廣視野閱讀分析。

另外，在旗津大陳新村聚落的空間文本，包括：美援贈與的房子樣貌、「小房子」報恩觀後的高砲臺與地下道的防空洞、消失的營房、高牆鐵絲網內的蔡姓家族居住地。這些物質資產有待筆者一一釐清，還原旗津實踐新村當時的樣貌，對於已經消失的空間文本，則透過訪問最早入住新村內「沙仔地」的蔡姓家族或大陳耆老紀錄。

---

50 汪浩著，《冷戰中的兩面派：英國的臺灣政策 1949-1958》（臺北：有鹿文化，2014）。
51 葛超智（George H. Kerr）原著，柯翠園、詹麗茹譯，《被出賣的臺灣（重譯校註）》（臺北：臺灣教授協會，2014）。
52 陳儀深等編輯，《臺灣國家定位的歷史與理論》（臺北：玉山社，2004）。
53 許慶雄著，《臺灣的國家定位》（臺北：知英，1995）。
54 張淑雅著，〈杜魯門與臺灣〉，《歷史月刊》，23（1989），頁 75-81。
55 張淑雅著，〈中中美關係白皮書的影響〉，《歷史月刊》，23（1989），頁 81-83。

二、田野訪談

　　透過田野深度的訪談，強化文獻所受的限制，從而獲得更豐富多元的第一手珍貴素材，如：老照片、法會的紀錄片、美援贈與地契、「蔣公感恩堂」國有地租賃契約……，因而促使筆者對特定的問題理解，探尋歷史文化脈絡上更有聚焦性。但是，對於只會說台州話的耆老，筆者所得到的資料將受到限制，總是期望身邊有可以翻譯的大陳子女幫忙。

三、參與研究

　　藉由親自參與旗津實踐新村的各項活動，如：觀音誕辰廟會，阮弼與漁師大神誕辰廟會，村民蒸糯米，三官大帝誕辰祭祀，旗津醫院每週四社工人員的量血壓、測血糖，小房子報恩觀前的氣功養生操，農曆七月摺元寶給好兄弟，鄉親燒庫屋和庫錢，與村民實做麥油煎和薑茶麵，還有高雄市政府打造的「大陳故事館」、「大陳美食節」……，從而了解實踐新村大陳人在「公領域」與「私領域」事務中全面參與的情況，做為判讀實踐村民對「大陳人」、「旗津家鄉」認同度的參考指標，並和實踐新村的居民成為好朋友，只要新村裡有活動，村民會透過 LINE 通知筆者活動訊息。

　　另外，也有報導人遠嫁美國，當她在臺灣的父親開刀出院後，筆者用 LINE 拍照，傳到美國報平安，讓她感動不已。甚至大陳的村民破例直接將筆者加入了「高雄市浙江溫嶺同鄉會」公開社團，好讓筆者隨時留意大陳動態。

第五節　章節架構

第一章緒論，對本文撰寫的研究動機、問題意識、研究回顧、研究範圍與對象、研究方法與素材做初步說明。

第二章是對大陳原鄉的介紹、1949 年大撤退的鋪陳及 1955 年大陳的撤退與安置，以及安置後的檢討。

第三章隨著大陳人生活逐漸改善，村民捐資設置兩所以「蔣公」命名的廟宇，並祭祀「大陳神明」。村民透過圈地，再與「蔣公」連結，順理成章留住村廟，因而使實踐新村成為大陳人凝聚力極高的村落之特殊現象。

第四章 1960 年代第二次就業輔導下，實踐新村有些大陳青年成為海員衍生跳船或跳機，遷徙美國的個案，此舉反映著當年國家的安置是有問題的？當年「捨家抒難」的「義胞」，冒著生命危險偷渡到美國，打黑工躲移民局。另外，村內的社團近年發起的「大陳美食節」、「海峽兩岸大陳鄉情文化節」創造出「大陳人」的認同感也是值得討論的。

第五章是論文的研究結果整理與結語。

第二章　大陳撤退與安置

　　1955 年 1 月失去一江山後，軍心與民氣產生極度的不安，中共的火砲射程已達覆蓋大陳列島的區域，證明當時國府無法顧及大陳地區的防衛。大陳島民飽受共軍砲火襲擊，美國建議國府撤退大陳，並向中共表明立場，美國的底線就是協防臺灣。同年 2 月蔣中正發表「大陳撤退播告海內外軍民同胞書」，正式啟動由中華民國國軍與美國海、空軍聯隊護航執行的「金剛計畫」行動，隨後由國軍獨立完成撤運最後一批南麂列島軍民的「飛龍計畫」，大陳地區的撤離計畫終算圓滿完成。一萬八千餘民世居大陳的島民，因為政治因素遷徙到臺灣，展開新的生活。

第一節　大陳歷史與文化

　　在浙江省台州灣外的東海洋面上佈滿星羅棋布的大小島嶼 97座，稱作台州列島，其中的大陳列島，位於浙、閩、粵海上交通咽喉，由主島上、下大陳兩島以及零星小島組合成，兩主島總面積 11.9平方公里，上下大陳兩島相隔 2.5 公里的水道。北端有漁山島、田嶴島、頭門島、一江山，南下有竹嶼、披山島、北麂島、南麂島等島。由於列島北距舟山群島 120 餘浬、南至臺灣基隆港 230 餘浬、西離大陸浙東沿海港灣最近者 14 浬，[1] 具有控制三門灣、台州灣、溫州灣等海域及航道，特殊的地理位置在國共內戰時期成為備受關注的焦點，見圖 2-1、圖 2-2。

1　陳仁和編著，《大陳島—英雄之島》，頁 1。

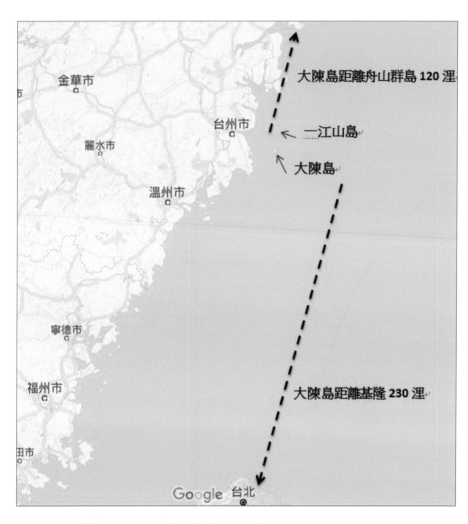

圖 2-1　大陳島、一江山、臺北相對位置示意圖。
資料來源：Google，周秀慧繪製。

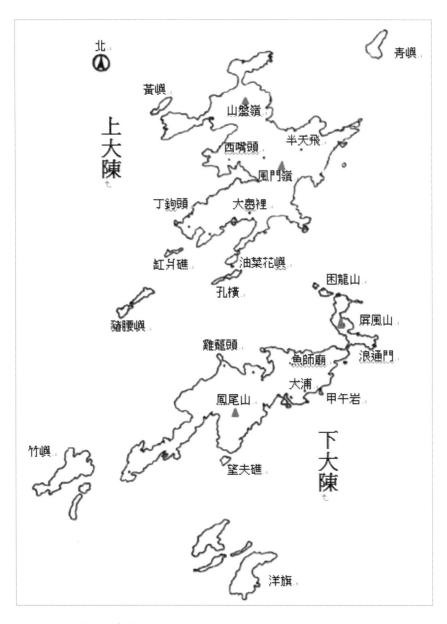

圖 2-2　大陳山列島圖。
資料來源：吳學實著，《腳印》（臺北：六景，2013），頁 7，周秀慧重新繪製。

一、大陳島由來

大陳又名「大澄」，相傳在明朝有倭寇流竄在浙江沿海，所劫財物存置在某一島嶼，並在島上訓練水師，圖謀襲取台州，明將戚繼光負責守護台州，在頭門、一江兩島佈陣，激戰數月後，明軍大敗倭寇。明軍因佈陣克服該島，故命名「大陣島」，被後人訛傳為「大陳島」。[2] 先民自明末以降，由浙東沿海台州的臨海、黃岩、太平三縣遷入（太平縣在 1914 年改稱溫嶺縣），清朝中葉由福州沿海漁民北上捕魚，就在島上落籍歸戶。[3]

大陳島分上大陳島和下大陳島及周邊小島，上大陳島一名上臺，舊稱紅美山（鴻美山），島上岩石構成，性堅硬、抗風化，海島地貌屬低丘陵，種植甘薯、豆類及漁業捕撈海水魚類，商業不發達，居民以農漁業為主，西南部有避風港灣。

下大陳島一名下臺，是大陳鎮人民政府的駐地島，島上以丘陵為主，地形為長條形島嶼，呈東北往西南走向，農業不發達，但周圍海域有豐富的漁業資源，商店林立，以日用品為最，故居民以商漁業為主。島上的鳳尾山是下大陳島最高地標，故下大陳也稱「鳳尾山」。

上、下大陳島皆有風門嶺，其中以下大陳島的風門嶺高聳山巔，是深入小岩頭、土地堂的門戶。中日戰爭時，日軍入侵曾在此築有堡壘，稱「風嶺古堡」。大陳島民追憶大陳島上的「十景」、「四憶」諸勝，曾對「十景」中的「風嶺古堡」題一絕句：「侵略有蹤存堡壘，結籬無跡失煙墩；天空海闊風門嶺，古木流濤咽夕曛。」[4]

2　梁愛梅，〈高屏地區大陳人的聚落生活與民俗信仰〉（臺南：國立臺南大學臺灣文化研究所碩士論文，2013），頁 7。

3　王傳達著，〈大陳人的奮鬥精神〉《大陳遷臺五十周年紀念特刊》，頁 52。

4　蔡業成著，〈大陳島的十景四憶〉《大陳遷臺五十周年紀念特刊》，頁 82。

　　抗日戰爭的爆發，台州灣不時有日本軍艦航行與停泊，我國海巡船艇無法活動。由於島上少作物、畜產，連吃豬肉都很難，民生物資多從椒江運送過來，鞭長莫及，海盜又橫行，平時是漁民，一旦看到洋面上落單的船隻，在關鍵的時刻就變成海匪，因此居民生活貧苦也深受威脅。毛禮正親身目睹日軍侵略大陳島殺人事件達二十多案，他說：

> 1938 年，下大陳外港來了兩艘日艦，未久，一艘大陳籍航船自舟山沈家門回來，船上有七位船員、四名乘客與一批貨物。日軍上大陳航船指稱貨品是反日用品，並將船上的人員雙臂張開，用大鐵釘把手掌釘在船幫，有兩人乘隙跳海逃亡，其中一人遭槍擊身亡，一人成功脫逃，其餘九人釘在船幫汽油燒船凌虐致死。[5]

　　各報導人回憶日軍入侵家鄉，暴虐行徑，罄竹難書，住在天地堂的張學壽悲憤地訴說著喪父的過往：

> 父親四十九歲時給日本人害死的。在下大陳，父親受僱船商開著三桅帆船，他是船老大（船長），經常在大陸與大陳間運物資往返做生意，後來日本人把船燒了，要我父親跳到海裡，父親就此滅頂。那年我八歲，我還有兩個哥哥跟一個妹妹，母親一手撐起這個家。我印象中，家裡好窮苦，只有地瓜吃，而且日本軍會搶百姓的東西。[6]

　　對於日本人殘害的情景，住在南田的賈小光訴說這段往事，他說：

5　吳學實著，《瑣譚》（花蓮市：作者，2015），頁 39。

6　報導人張學壽，1929 年次，出生地：下大陳，口述。採訪日期：2017 年 6 月 8 日。

日本人從浪通門上岸，在島上專門找年輕女子尋歡作樂，有時連懷孕的婦人也不放過，還侵擾民宅，百姓吃飯時就在飯桌上大便，島民苦不堪言。[7]

林春生回憶母親曾經說過日軍可惡的行徑，他直言：

島上的年輕女子會刻意打扮成中年、老婦人裝扮，避免被日本軍抓走，因為日本軍抓島上的年輕女子運到大陸當作性奴。有時日本軍挨家挨戶搜查，家裡有女孩的，都害怕地躲起來。[8]

對於日軍欺負年輕女子，陳香珠回憶這段過往，還有印象，她說：

我的堂嬸長得很漂亮，個子很矮小，有一次為了躲避日本軍，我母親要堂嬸躲在烤地瓜的土窯裡，上頭蓋了布掩飾。母親還假裝在旁邊掃地。當時日本軍還嘲諷母親裹小腳很難看。[9]

大陳島上有一首歌謠描述日本軍對島民燒殺搶掠的無奈心境，〈東洋綠寇嚎拔椿〉：「門礁落水響連連，青嶼奮斗有兩個，貓頭生在貓礁上，東洋綠寇嚎拔椿，朝朝摸來水子湯，大陳人兩眼淚汪汪。」[10] 此處所談的門礁、青嶼和貓頭都位於上大陳的北方，因為退潮時的海水湍急不斷發出聲響，侵華的日軍拔除漁民張網時固定的椿，斷了漁民的生計，大陳父老面對生死的難關，淚眼相望。

7　報導人賈小光，1934 年次，出生地：下大陳，口述。採訪日期：2017 年 6 月 8 日。

8　報導人林春生，1952 年次，出生地：下大陳，口述。採訪日期：2017 年 6 月 8 日。

9　報導人陳香珠，1945 年次，出生地：下大陳，口述。採訪日期：2017 年 6 月 8 日。

10　吳學寶著，《溯源》，頁 228。

　　島上的居民主要由浙江省台州府三縣—臨海縣、黃岩縣及溫嶺縣，與少數福建福州移民共同組成，所以島上共通的語言是台州話。另外分布在下大陳的大浦、小浦這兩個地方因為是由福建福州移民而來的，他們在公開場合會說台州話，在家裡溝通則是說福州話。[11] 至於在披山、漁山、南麂人使用的語言跟臺灣的閩南語類似，只是語調不同。[12] 報導人陳永慶提到 2016 年帶妻女回到大陳島觀光，憶起母親說福州話的情景，他說：

> 我的外公是從溫嶺石塘舉家遷移下大陳的，聽家母說後來嫁到小浦，學會了說福州話。我曾聽過她說過福州話，尤其是罵人的時候會講福州話。[13]

相 2-1　建築物以石頭為主。
資料來源：翻攝自《島嶼碼頭新故鄉—大陳島撤退影像紀實》，頁 17。

相 2-2　街道上的小吃店。
資料來源：翻攝自《島嶼碼頭新故鄉—大陳島撤退影像紀實》，頁 19。

11　何政哲，〈大陳過台灣—1950 年代新移民的個案研究〉，頁 11。

12　梁愛梅，〈高屏地區大陳人的聚落生活與民俗信仰〉，頁 58。

13　報導人陳永慶，1958 年次，出生地：臺灣，口述並錄影。採訪日期：2016 年 11 月 11 日。

二、物產方面

　　大陳列島地形險要，是括蒼山脈直伸入海之地，島上多崗巒起伏，少有平地，居民的房屋建築多以石頭為主，街道狹窄，形成獨特景觀；更因為山形單薄、岩石縱橫，土壤相對貧瘠，不易栽培農作物，所以島上土地多未善加利用，以致於農作物匱乏，僅少數島民在門前門後種些蔬菜雜糧，如：地瓜、小麥、蔬菜，即便有種稻，亦是看天田。糧食端賴大陸臨海、黃岩、溫嶺三縣供應。

　　因為四面環海，西離大陸浙東沿海港灣最近者 14 浬，屬於大陸棚淺海區，水性溫和，周圍海域和臺灣暖流相互交會，群聚魚類繁殖豐沛，形成了東海第二大漁場。島民世代捕撈為業，然因漁獲充沛、易於捕撈，導致漁民無意積極發展新式捕魚技術與工具，反而沿用傳統古老的方法與簡陋的漁具，如乘小舟坐竹筏且維持在近海打撈捕魚。島民捕魚分為兩類：「網」、「釣」。所謂的「網」就是「張網」、「網對」、「手網」方式，「張網」是在潮流中打樁架起毛竹，然後繫網撈取魚蝦；「網對」是兩艘漁船共用一口大網，圍捕魚類；「手網」是沿海附近灑網捕魚；另外還有以「張籠」捕捉墨魚等傳統簡陋方式，漁獲雖豐富，但被少數商賈操縱，魚價無法提高，漁民生活辛苦。

　　島上有一首〈墨魚謠〉，是描述墨魚的一生旅程，歌謠內容是：「台州生，福建養，回到台州好劈鯗。」[14] 墨魚每年農曆五月初五在大陳沿海周圍的海域產卵，孵化後會南游至福建海域並成長，直至農曆二月下旬再開始北迴游至出生地，約五月上旬產卵後死亡。墨魚在產卵前是最肥美的，因此在農曆三月中到五月初止，有一個半月的耙墨魚季節，由於一個海水潮為十五天期，所以前十五天稱頭水、第二輪稱二水、最後稱三水，但因為墨魚產卵後變瘦，經濟價值較低，故島

14　吳學寶著，《溯源》，頁 225。

民將墨魚對剖曬成魚乾（案：市面上看到的魷魚乾），此程序稱為「劈鯗」。漁業是島民的主要行業，也是重要的產業。

三、飲食文化

昔日以盛產大黃魚、白力魚、帶魚、墨魚、鰻魚、海蜇、大蝦和加工後的鰻乾、魚乾、蝦乾、蟹醬著稱，海鮮的飲食文化成就舌尖上的大陳，「帶魚燜蘿蔔」、「鮮炒鰻魚乾」、「魚丸炊鰻湯」、「黃魚酒」、「墨魚飯」……，只要有機會接觸大陳美食，著名的「魚麵絲湯」是首選。

島民家家戶戶喜釀陳年紹興老酒，著名大陳美食「薑茶麵」的老薑食材，就是用紹興老酒炒過的薑片乾熬煮，對亞熱帶海洋性季風氣候的大陳島民來說，老酒炒過的薑片有驅除身體寒氣、發汗祛濕，促進新陳代謝，所以不僅是大陳人平常的料理，對於產婦坐月子的補品更是不可或缺。

另外，在大陳島上吃的「麥油煎」，就是臺灣俗稱的潤餅、春捲，大陳因為地緣的關係，海鮮垂手可得，所以「麥油煎」的海味十足，內餡有魚片、小卷、小魚、米粉，而且一定要放酸菜……，但沒有放花生粉、糖粉的飲食習慣，這點跟臺灣人吃潤餅一定會放糖粉、花生粉的飲食文化不一樣，而且在島上的每位婦女幾乎都會製做「麥油煎」的餅皮，這項手藝來到旗津後依舊如昔，報導人曹葉衣談起製做餅皮的過程，她說：

> 昨天我已經開始製做粉皮，將材料冰一整個晚上，今天早上四點起來做皮。這裡（旗津）每一位婦女幾乎都會做餅皮，在島上我母親都自己做皮。[15]

---

15 報導人曹葉衣，1941 年次，出生地：下大陳，口述並錄影。採訪日期：2016 年 7 月 26 日。

相 2-3　鯖魚乾、鰻魚乾。　　　　　相 2-4　老酒炒過的薑片。
資料來源：周秀慧攝。　　　　　　資料來源：周秀慧攝。

四、歲時祭儀

(一) 臘月

　　四時習俗與中原大同小異。[16] 重視過年過節，如：臘月廿四，打掃房屋，夜祝灶送神上天。大約臘月廿八、廿九的子時，即小年夜會祭拜，稱為「謝年」，主旨為謝天謝地，拜拜的儀式要由男性完成，除非家裡都沒有男性，才會由女性長者出面。祭拜的供品是三牲，「即『一塊豬肉、一條有鱗片的魚和約一斤重的小公雞』，家鄉有句俗諺：『謝年打炮仗，雄雞頭孤恓相』，大意就是在謝年拜拜，最可憐地莫過於小公雞啊！」[17] 除夕會拜祖先、吃團圓飯、燃燈達旦、發壓歲錢，報導人陳香珠說：

16　清・張聯元主修，《臺州府志》，頁 6。
17　報導人吳學寶，1943 年次，出生地：上大陳，電話採訪。採訪日期：2017 年 6 月 16 日。

在這一天，我母親還會放銅板在米缸和水缸，感謝米缸、水缸源源不絕地供應我們一家人這一年飲用。有些窮人家會用畫有元寶的金紙，放在米缸內，待元宵節後化（燒）掉。而且大年夜我們全家人一起聊天、守歲，最後還放「關門沖」，就是放三響炮後，大門就不能打開了，要等到初一才開門。[18]

（二）正月

到了大年初一，島上有「開門沖」的習俗，一早起來開門先放三響炮，還有到廟裡拜拜求平安，而且早上家戶會「拜天地」，碗頭（供品）都是齋料，如：木耳、金針、豆腐、米粉、素三牲（形狀像公雞、魚、豬頭的大陳年糕）和素粽，大年初一吃粽子代表包中，祈福一年都順利。對於祭拜的習俗方面，報導人吳學寶說：

在家鄉我們用兩張桌子疊起來，像一個高壇，供品放最上面，俗謂「拜天地」，這個習俗來到臺灣也是如此。[19]

至於，禁忌方面，年初一規矩也很多，如：年初一不能掃地、不能拿刀、不能去井邊汲水、也不起火，到年初四才能打井水。但是如果先前家裡有人往生，初一時喪家則需要整天待在家中，不能到外面拜年走動，此舉稱為「謝孝不出」。

大年初八曰「上八日」，島民燃鞭炮熱鬧。廿四節氣中立春的前一天，盛裝簪花的官僚以五穀打春牛樣，提醒農民準備春耕。春酒多在正月半前，有十五、十六「斷酒斷肉」之習俗。元宵節有張燈與吃

---

18 報導人陳香珠，1945 年次，出生地：下大陳，口述。採訪日期：2017 年 6 月 8 日。

19 報導人吳學寶，1943 年次，出生地：上大陳，電話採訪。採訪日期：2017 年 6 月 16 日。

元宵，但台州非常特殊的是元宵節在農曆十四日，島民室內皆燃燈，婦女健行百步，即可除病。報導人陳香珠談到小時候在家鄉，元宵佳節，媽媽都會在房間點燈，那個畫面還烙印在心裡，她說：

> 在下大陳，我記得家裡的地上插滿蠟燭，每個牆角都點上蠟燭，蠟燭一支支繞著，圍成一花朵的形狀。[20]

報導人吳學寶說點燈，在家鄉稱做「間間亮」，他談到：

> 每個房間點滿蠟燭，家鄉稱此舉為「間間亮」。[21]

在島上，元宵這一天，家人還會上祖墳，給祖先插竹點盞燈，此曰「送墳燈」。[22]

（三）二月至三月

農曆二月有社日，有賽神巡行境內或上演雜劇，以求保平安與來年豐收。清明節家戶採「地梅」加入碎料、粉，製做像臺灣小吃的「草仔粿」，大陳人叫做「清飴」[23]（「清圓」），謂之寒食。報導人陳永慶非常懷念母親製作的清圓，他說：

> 母親手很巧，做的清圓很好吃，我非常想念母親的手藝。[24]

---

20 報導人陳香珠，1945 年次，出生地：下大陳，口述。採訪日期：2017 年 6 月 13 日。

21 報導人吳學寶，1943 年次，出生地：上大陳，電話採訪。採訪日期：2017 年 6 月 16 日。

22 慶霖修、戚學標等纂，《嘉慶太平縣志》，頁 444。

23 吳學寶編著，《拾珍》（花蓮市：作者，2016），頁 104。

24 報導人陳永慶，1958 年次，出生地：臺灣，口述。採訪日期：2017 年 6 月 14 日。

　　對大陳島民而言，清明節的日子，無論貧富，家戶須攜酒祭墓，而且在門前插柳枝以避免蟲蜇。報導人曹葉衣還說島上沒有刻意在這一天吃麥油煎（案：潤餅、春捲），在島上，想吃麥油煎都會自己動手製做餅皮。來到臺灣後，村民也跟著在清明節這天吃麥油煎，她說：

> 來到臺灣後，大陳人也跟著臺灣人在清明節吃麥油煎，就是臺灣說的春捲（案：潤餅）。[25]

　　對於島民而言，麥油煎的飲食不像臺灣普遍是清明節日才會烹調製做，對島民來說平日都可以嚐。報導人吳學寶說：

> 麥油煎在島上想吃就做，沒有刻意哪個節日才吃，不像在臺灣是清明才吃春捲。[26]

　　報導人陳香珠則是回憶在家鄉時，母親在端午節會包粽子與麥油煎，她說：

> 在家鄉，母親在端午節會包粽子和做麥油煎，來到臺灣也是。[27]

　　時序來到立夏，又稱醉夏，台州人傳統上會吃麥油煎，裹肉並加上酸菜，台州有句俗話：「醉夏無麥餅，白碌做世人。」[28]

25　報導人曹葉衣，1941 年次，出生地：下大陳，口述並錄影。採訪日期：2016 年 7 月 26 日。

26　報導人吳學寶，1943 年次，出生地：上大陳，電話採訪。採訪日期：2017 年 6 月 16 日。

27　報導人陳香珠，1945 年次，出生地：下大陳，口述並錄影。採訪日期：2017 年 6 月 16 日。

28　〈立夏在台州又被稱為醉夏〉，《東方論壇》，資料檢索日期：2017 年 6 月 10 日。網址：https://bbs.317005.net/index.php?m=3g&c=read&tid=552。

（四）四月

接著農曆的四月八日浴佛節，島民傳統上會取烏桐葉的汁液染飯，呈青色狀相互饋贈，叫「送烏飯」，此舉有紀念祖先之意。

（五）五月

在端午節時，家戶門前懸蒲艾，喝雄黃酒，並用雄黃酒塗在孩子的鼻耳辟邪，孩子的手臂上還會繫上五彩顏色的繩子保平安，家戶製做避免兵器傷害的符籙，也會做香包送友人。而且，報導人曹葉衣回憶在家鄉時，媽媽在端午節會包肉粽慶端午，她說：「我們在家鄉端午節也是包粽子，放豬肉、花生、蛋。」[29]

（六）六月

時序行至農曆六月六，天氣非常悶熱，又值雨季，氣候潮濕，萬物容易發霉腐損，所以家家戶戶趁烈日時會曬衣服、曬棉被、曬書本，老人家則以雞肉粥滋陰補陽養生。

（七）七月

七夕節日，婦女會在屋簷外放一盆水，並在水上放些鮮花，乞求天上織女保佑婦女擁有智慧與巧藝，次日並以盆水洗髮滌梳。到了中元節，寺廟舉辦盂蘭盆會，家戶祭拜祖先而且「沿路施鬼飯」。住下大陳島的陳香珠說在家鄉時，島民以冬瓜用清水煮爛，加一點鹽巴，清清淡淡的齋飯，製做「冬瓜白米飯」祭拜好兄弟。報導人陳香珠談到每年「好兄弟」的祭祀，村子裡的人一定會準備，她說：

---

29 報導人曹葉衣，1941 年次，出生地：下大陳，口述。採訪日期：2017 年 6 月 8 日。

這個習俗來臺灣我們還是持續著，「冬瓜白米飯」就是一碗白飯、一碗水煮冬瓜，小碟小碟裝盛，沿路擺放地上，大約二、三十碟，燒香請好兄弟來吃。[30]

而且在原鄉時，家人會在中元節這天放水燈。

（八）八月到冬至

中秋節則是以「八月十六日」賞月酌酒，這一點跟我們習慣以八月十五中秋月圓過節較為不同。九九重陽，島民登高並飲茱萸酒，也會互贈麵食糕點。冬至，親友相賀，做粉糰祭祖。

五、生命禮俗

（一）結親

島民結親為閩浙省籍，婚禮按照「六禮」進行，男女在十七、八歲結婚者多，風情民俗傳統守舊，新娘坐大紅花轎，母女要上演哭戲，還要有腔調；還有早期嫁女兒是不發帖子的，發帖子會被鄉人笑沒見識。但隨著時代不同而有變遷，娶新娘改步行、以洋鼓洋號迎娶。報導人賈小光回憶年輕時，在家鄉的魚師廟幫忙新人在婚前祈福誦經，他說：

在下大陳，如果有人結婚都會去魚師廟拜拜求平安，為什麼我會知道呢？因為新人要結婚時，會找我去魚師廟念經，我們在家鄉很多時候做什麼事情都要念經，我因為會念，所以他們都會找我幫忙。[31]

---

30 報導人陳香珠，1945 年次，出生地：下大陳，口述。採訪日期：2017 年 6 月 13 日。

31 報導人賈小光，1934 年次，出生地：下大陳，口述並錄影。採訪日期：2016 年 11 月 14 日。

（二）生育

　　嬰兒滿月會把嬰兒的頭髮剃掉，並用紅紙把頭髮包起來塞在屋子的牆縫中，這個用意是讓小嬰孩有膽子，免於驚嚇；另外外婆會購買八卦形、或龍鳳或十二生肖形的銀片縫在帽子上，以及送衣服給嬰兒當滿月禮，而且還會送掛在手、腳、脖子上的銀鍊子，報導人陳香珠說：「但是來臺灣後都改成黃金了。[32]」

　　等到孩子滿週歲，也有「抓週」的習俗，報導人陳香珠談到母親從家鄉帶來抓週傳家寶，她說：

> 母親從家鄉帶來「抓週」的小物品，裡面有算盤、剪刀、尺、鍋子，是用紅銅做的，每個模型像 5 塊錢銅板大小，紅銅在大陳很少，我們在大陳算有錢人家，這些禮俗母親很重視，來臺灣時我生的第一個孩子，還有用這組大陳帶來的模型「抓週」過，後來不知被誰拿走「抓週」的器具，找不到，我還哭了很久。[33]

（三）喪禮文化

　　大陳島民在鄉親往生時，有摺紙元寶化給往生者的習俗，島民在治喪期間摺銀紙的時候，一邊摺還會一邊念經文加持元寶重量，祈求往生者在另一個世界享用無窮的財富。人死後還有一項習俗就是守靈、出殯、做七，都要很熱鬧，熱鬧的守喪文化到臺灣後依舊如此，這項特殊的守靈習俗和臺灣喪禮習俗的忌諱大相逕庭，讓「大陳女婿」感到新奇，報導人陳聰吉說：

32　報導人陳香珠，1945 年次，出生地：下大陳，口述。採訪日期：2017 年 6 月 13 日。

33　報導人陳香珠，1945 年次，出生地：下大陳，口述。採訪日期：2017 年 6 月 13 日。

大陳人不管婚喪喜慶都在打麻將，辦喪事時，如果來打麻將
的人愈多，表示喪家在地方上人氣很旺。我們在辦喪事時，
還會鳴紅色鞭炮。早期要抬棺木時，鄰居的伯伯、叔叔都會
來幫忙抬棺木。現在這種情景都消失了，被禮儀公司一手包
辦取而代之，因此大陳人在抬棺木這個畫面，只成追憶了。
大陳人互相幫助、不忌諱喪事的場景，也只剩下「摺金元寶」
了……。[34]

報導人陳林春嬌談起老公喪事的處理，她說：

我老公走的時候，這一個禮拜在這裡每天都大約五、六桌打
麻將，贏錢抽頭的部分，多少補貼我買東西燒菜給這些人吃
飯。[35]

除了一般的法事外，婦人需要上演「哭親娘」，哭時要嚎啕大
聲、令人震耳欲聾才算盡哀，若是暗泣，則表示對親人的離去，一點
都不悲傷。

另外，往生者當年不舉行祭奠，待隔年正月設靈堂供親友弔拜，
稱為「小祥」，長者去親友喪家弔孝，謂之「燒紙」。[36] 報導人張學壽
談到女兒女婿回娘家的日子，他說：

大陳人的年初二不是回娘家的日子，因為在島上年初二有至
親友家弔祭的習俗[37]。

34　報導人陳聰吉，1964 年次，世代與出生地：旗津，大陳女婿，口述並錄
　　影。採訪日期：2016 年 10 月 14 日。
35　報導人陳林春嬌，1943 年次，出生地：下大陳，口述。採訪日期：2017
　　年 6 月 23 日。
36　王炎著，〈大陳概況〉《大陳遷臺五十周年紀念特刊》，頁 11。
37　報導人張學壽，1929 年次，出生地：下大陳，口述。採訪日期：2017 年 6
　　月 8 日。

所以回娘家是大年初四至六都行，[38] 岳父、岳母會包紅包給女婿。[39]

在父母去世的時候，出嫁的女兒要「蓋被」，為父母準備「壽被」一床，原鄉有句老話：「大蓋頭，小蓋腳，當中央肉講不著。」[40] 也就是說，父母中先往生者，由大姊「蓋被」，後往生的由最小的女兒「蓋被」，位居中間的姐妹不需做此動作，但如果家中只有一個女兒，父母往生則都由這個女兒執行「蓋被」。

「燒庫屋」是浙江臨海、黃岩、溫嶺（太平）等沿海三縣自古流傳之喪葬習俗的一部分，祖先來自該區域的大陳人也有著相同的習俗。[41] 對大陳人而言，燒庫屋不只是親人守喪時辦理，在世時也會先燒給以後的自己，所以會先選好樣式、大小屋子，擇日舉行。

對於大陳島民燒庫屋，報導人吳學寶談到小時候物資貧瘠，庫屋的規模不大、樣式也簡單，他說：

小時候家鄉物資環境沒有臺灣好，所以燒庫屋規模不大。[42]

至於那些在世先燒給「未來的自己」的島民，有人覺得房子已燒了二、三十年，怕陰間的房子年久失修、漏水，所以會重新燒給自己或家人。已故的報導人曹何青談到回老家燒房子給母親，他說：

---

38 張素勤，〈大陳移民的聚落發展與社會生活變遷──以屏東縣新園鄉中興新村為例〉（花蓮：國立東華大學臺灣文化學系研究所碩士論文，2013），頁32。

39 毛禮正著，〈略述大陳鄉土習俗〉，《大陳遷臺五十周年紀念特刊》，頁71。

40 吳學寶著，《溯源》，頁217。

41 陳怡君，〈富裕的陰間──當代大陳女性與燒庫屋習俗〉（臺北：臺灣大學人類學系研究所碩士論文，2006），頁47。

42 報導人吳學寶，1943年次，出生地：上大陳，口述。採訪日期：2017年6月16日。

我十多年前回去過大陸，沒上大陳島，因為親人不在那兒，但是有去浙江溫嶺找姪兒、表哥。我還在那裡做房子，燒給我母親。[43]

像報導人陳香珠的母親曾經燒庫屋給自己，後來往生時，孩子們也再燒一次給母親，因為他們認為距離上回燒的房子已相隔多年，陰間的屋子也有年久失修，需要重新打理的，陳香珠說：「母親五十多歲時燒一次庫屋給自己，直到母親九十五歲往生我們又燒一次給她。」[44]

大陳島民面對處理「來世」要住的房子絲毫不馬虎，甚至陰間的房子還擁有地契。報導人林春生說：

在大陳，人還活著時，就會先燒房子給自己，但是地契不會先燒，在往生後才會由家人點香跟亡者說，地契燒給他，以後你可以住在那邊。後來也有先前燒過房子給自己的，夢到房子已經老舊、漏水……，所以又重新再燒一次。[45]

除了注重地契以外，房子的門鎖也是面面俱到，方便亡者能夠開門入住。報導人陳香珠說：

最後在燒地契的時候，先前有燒過庫屋的，房間鑰匙也一併在這個時候燒給亡者，讓亡者有鑰匙可以開門。所以當初燒

43　報導人曹何青，1926 年次，出生地：下大陳，口述並錄影。採訪日期：2016 年 7 月 19 日。報導人在 2016 年 12 月辭世，享年 91 歲。

44　報導人陳香珠，1945 年次，出生地：下大陳，口述。採訪日期：2017 年 6 月 23 日。

45　報導人林春生，1952 年次，出生地：下大陳，口述並錄影。採訪日期：2016 年 8 月 11 日。

庫屋時，這個鑰匙都要保管好，像葉冬福媽媽、我兄嫂的鑰
匙當時都是交給我保管。[46]

　　對於大陳人而言，今生已定型，無論富貴或貧窮，難以改變。
但是如果能夠在世時為身後世界先做準備，按照自己的意思，則所謂
「來世已託付今生」。

相2-5　右一報導人曹何青在浙江溫嶺「燒
　　　　庫屋」給逝去的母親。
資料來源：曹何青提供。

相2-6　大陳人在臺灣的「燒庫
　　　　屋庫錢」。
資料來源：周秀慧攝。

六、宗教信仰

（一）主要信仰

　　潮漲而出、潮落而回，即使遇上驚滔駭浪，依舊出海作業，對
於茫茫大海的不確定性，大陳人非常重視神佛信仰，患病者會向神佛

46　報導人陳香珠，1945年次，出生地：下大陳，口述。採訪日期：2017年6
　　月18日。

求香灰泡水喝、祈求平安。島上有少數基督徒，在民宅禮拜，但無教堂。島民因先後遷入，少有大族，也無宗族祠堂。拜神祭祖、婚喪喜慶喜求神問卜，俗好巫，有講靈姑，報導人林春生說：

> 十幾年前，一位長輩從椒江來臺灣，我們話可以相通，所以請他幫我們祖先找來對話，說也奇怪、蠻準的。我太太那時候把我外婆叫上來，一些當場在座的人，輩分不會搞錯，「你是誰家的孩子之類的」，這位講靈姑，我們都不認識，我們也問我們的父母，現在生活的怎麼樣？我爸說他在那邊生活很好，沒事就打打麻將……，我聽到後，其實也很安心。

> 像我一個表叔，是信基督，他認為往生後，天主會照顧。我們把他叫上來，結果他講的話，我們嚇了一跳，他的兒女因為父親信基督，所以就沒有燒房子那些給他。遇上祭祖，冬至、過年、清明和農曆七月十五，他家人認為他信奉基督，不需要這些。表叔上來後，不好意思見我們，因為現在身上沒有錢，所以在路邊吃草，表叔跟我們家人關係很好，我太太說：「那我們燒點紙錢給您，好不好？」表叔立刻回說：「好好……。」我太太又說：「那以後我請您媳婦這些節日祭拜您，好不好？」表叔也回應：「好、好。」

> 過一段時間，講靈姑的長輩又來到臺灣，我們又把表叔叫出來問，表叔說：「現在生活過得不錯，因為祖孫有燒紙錢給他。」我們有跟她的媳婦講這事情，她媳婦也還接受，所以過節都會祭拜。我們先不要講迷信不迷信，但事情就是這樣。[47]

47　報導人林春生，1952 年次，出生地：下大陳，口述並錄影。採訪日期：2016 年 8 月 11 日。

　　大陳島民祈求神佛、凡事喜好求神問卜，而且對於神誕舉行的法會也是非常重視。報導人林春生提到家鄉的三官大帝，他說：

> 在原鄉我們非常重視三官大帝誕辰，這跟道教有關，太上三元，賜福赦罪，解厄消災。我們三年滿會後，會舉辦一次法會。所謂的滿會即是，每一年三次天官（上元）、地官（中元）、水官（下元）誕辰當天，我們大陳男性，會在三官大帝供桌前念「三官經」，從早到晚一整天，這樣的唸經祭祀活動連續三年，叫滿會，當年就會舉辦一次三官法會。[48]

　　報導人陳香珠也提到家鄉的三官大帝，是非常受重視與非常乾淨的神明，她說起爺爺曾在山上修行，遇上三官大帝神誕，會敲鑼提醒村民保持村內乾淨，從內而外對神明的尊敬。

> 爺爺每到初一、十五的前一晚會在村內敲著鑼，告訴村民明天是初一、十五要保持乾淨，不要把家裡的糞便尿水倒在戶外。三官大帝誕辰日，爺爺一樣會提醒村民，不要把穢物放在門外，大家保持乾淨，因為大陳人很重視三官誕辰，希望保持乾淨，大陳人說，三官是很愛乾淨的神明，有些人還會跟著吃素。[49]

　　大陳撤退來臺前，島上尚有廟宇四十一座，為祈求漁業豐收、永保安康，各地寺廟香火鼎盛，廟宇神蹟不斷，島民膜拜虔誠。此列舉一則在大陳撤退前發生的神奇妙事：

48　報導人林春生，1952 年次，出生地：下大陳，口述並錄影。採訪日期：2016 年 7 月 28 日與同年 11 月 18 日。

49　報導人陳香珠，1945 年次，出生地：下大陳，口述並錄影。採訪日期：2016 年 11 月 14 日。

1954 年中秋節的前一日，也就是農曆八月十五日夜晚（註：
台州習俗八月十六日為中秋），大陳四周海面風平浪靜，然而
在遠方小島隱約可聽見砲聲。白天，大陳本島周圍領空時有
共機出現，時聞空襲警報，生活總是陷於恐懼不安中。百姓
求神問卜，祈求免去災難。幾位住在下大陳南坑的善男信女
到招寶寺旁「觀音壇」，燒香拜佛，並乩卜求籤，一連四次都
求出同樣的籤語：「彌勒菩薩移四方，濟公活佛往天堂；文昌
帝君臺中去，三安祖師灣內藏。」

善男信女求助廟公，廟公表示此籤語不好，菩薩都要走避，
島內一定會發生事故。信眾又請乩童推沙盤解說，結果推
出「五字明白」。眾人不解其意，再三請示，可是都得不到答
案。十一月間時局不安，大陳居民幾乎每日都在躲避空襲警
報生活。其中有位江顯堯先生想起籤詩，每一句的第五字，
合起來正是「移往臺灣」。

於是，他把想法轉告其他人，大家再度拿起靈籤對照，果然
發現觀音菩薩指示靈驗。1955 年 1 月 26 日，大陳地區專員
公署公佈告示：「凡民眾願意疏散到臺灣者，可到各村里登
記。」大家恍然大悟，才知道菩薩曾指示大家明白的去向。[50]

（二）信仰活動

在原鄉，如果廟整修落成或遇神明更換金身，島民會舉辦法會。
每逢神佛壽誕，燒香禮拜、殺牲供奉、賽神演戲，迎神賽會中的「抬
閣」是高潮，主角為小孩，身著戲服，是集歷史故事、神話傳奇為一
體的大陳民俗文化。林春生談到家鄉每逢廟會舉辦平安宴，散會結束
前會送伴手禮「宵食」給每位參與廟會的鄉親。

50　陳仁和編著，《大陳島—英雄之島》，頁 291。

我們在原鄉神明的壽誕會吃平安宴，結束後有送「宵食」給信眾的習俗，所謂的「宵食」，就是熟糯米飯，因為糯米具有黏性，有「發」的意境，期望信眾吃完平安宴，拿到「宵食」，可以發財順利、平平安安。[51]

整體而言，島民禮義廉恥為先、行檢名節為貴，尚氣者析之以義則從、好爭者論知以理則服，島民受的教育雖不高，甚至是文盲，但是相信神佛顯靈，善惡分明重禮義，不敢做違背天理、傷風敗俗的情事。

第二節　1949 年大撤退

二戰結束後，遷徙或逃難成了當時的特徵，有的老百姓回到原住所，征戰的軍人有的被遣返、有的榮歸故里，許多地區在戰後應該是恢復原有秩序的。可是對中國而言，因為國共內戰的關係，掀起一批移民潮。當時有些軍隊從青島、馬尾（福州）、上海經由定海、長塗來到臺灣；有些軍隊從海南島、有些軍隊從滇緬，或暫留沿海島嶼，最後陸續來到臺灣。報導人鄧勁伯的父親鄧超將軍，即是大撤退中的人物之一，他談到父親：

抗戰勝利後，1946 年父親跟著孫立人到東北接收，母親自己一個人坐著火車去東北找我父親，也是這時候母親懷了我的。後來孫立人的新一軍跟林彪打了起來，最後孫立人離開了東北。

1947 年爺爺走了，父母親回湖南奔喪途中，在南京生下我。同年底，孫立人便帶著新一軍年輕的先頭部隊到鳳山來成立

---

51 報導人林春生，1952 年次，出生地：下大陳，口述並錄影。採訪日期：2016 年 7 月 28 日與同年 11 月 18 日。

軍官訓練班，這個訓練班就是現在的鳳山陸軍官校。那時軍
訓班有四個大隊，家父是第四大隊長，那年父親才三十歲。
我們一家大小，連同奶奶住在黃埔眷村的西四巷四十號。所
以黃埔這邊都是新一軍的人。

後來因為部屬的關係，孫立人被蔣介石軟禁，這事也牽涉了
底下的部屬，家父當時受到連累，從上校被貶下來。經過了
二十年的奮鬥才又回到原來的位置。還被蔣經國封為少將。[52]

國共爭奪政權，1945 年蔣中正依據〈通令第一號〉，由中國陸軍
總司令何應欽任命陳儀為中國戰區臺灣區的受降主官，至臺灣代表受
降並建立「盟軍佔領當局」。[53] 臺灣的佔領是戰勝國對戰敗國領土臨
時性與行政的管理，並不是最終的主權移轉和領土的擁有者，直至
1952 年生效的〈舊金山和約〉第 26 條授權下，與日本在臺北簽署〈中
日和約〉（或稱臺北合約），日本只宣布放棄臺灣主權，並未明確指出
其屬於誰。臺灣地位未定議題延宕至今。

第二次國共內戰（1946-1949 年）的後期，國民政府軍事節節失
利，1949 年 4 月解放軍佔領南京，國民政府一路從南京、廣州、重
慶、成都，並於 1949 年 12 月撤遷到臺北，誓言以臺灣為復興反共的
基地。然而在大陸東南沿海島嶼和西南滇緬地區，仍然散佈殘餘的軍
隊跟勢力。

東南沿海的島嶼，如：臺灣、金門、馬祖、舟山、一江山、大陳
列島、東山、南日、海南等島嶼，即是中共急於解放的地方。

52　報導人鄧勁伯，1947 年次，出生地：南京，口述與錄影，採訪日期：2017
　　年 7 月 10 日。報導人父親為鄧超將軍。
53　臺灣教授協會編著，《臺灣國家定位論壇》（臺北：前衛，2009），頁 253。

1949 年 10 月 27 日古寧頭戰役獲勝消息傳到臺北時，蔣中正對於此戰給予高度的評價：「古寧頭大捷，不僅保住了金門，也保住了臺灣。」然而緊接著，舟山群島內的桃花島、岱山島、大塘島、大榭島、金塘島等，至少三分之一的島嶼都被共軍攻下。《蔣公日記》1949 年 10 月 30 日寫著：「企圖固守定海，應非戰略至當。此際，海南島之重要性，遠勝過定海，而粵將領既無能守海南，若此時放棄定海，移師海南島，鑑於金門勝利之啟示，海南島應可堅守也。」[54] 蔣中正認為，在戰略上，應將舟山國軍移師海南島，因為海南島的易守性、政治與軍事戰略價值，遠勝於舟山群島。

1949 年 11 月，我陸海空三軍與中共解放軍激戰定海的登步島，造成光輝戰績，[55] 切斷共軍的補給線。然而，腐敗的國府政權在經濟潰散、民心漸失的環境下，節節敗退。

自從三大戰役（遼瀋戰役、徐蚌會戰、平津戰役）連續失敗，總計國軍約損失一百五十萬人，且多為精銳部隊，加以許多將領帶兵投共，此舉對國軍打擊甚大。由於三大戰役失敗的導火線，中共提出媾和的宣傳，所謂「蔣不下野，中共不和談」、「蔣不下野，美援不來」，還有自馬歇爾調停後，美國對國府的態度冷淡，希望國共和談解決紛爭。美國駐華大使司徒雷登（John Stuart Leighton）致國務卿的報告書就充滿對蔣的不滿。孫科就任行政院長時，司徒雷登的私人顧問傅涇波也曾暗示蔣是和平的絆腳石。另外，桂系逼迫與醞釀，希望蔣中正下野後由李宗仁代理職務，終於，蔣中正於 1949 年 1 月 21 日第三次下野。

---

54 郝柏村著，《郝柏村解讀蔣公日記：一九四五～一九四九》（臺北：天下遠見，2011），頁 444。
55 〈匪軍陳屍登步島 我將士神威一擊斃匪萬三 六十小時搏鬥獲不朽戰果 定海登步島之捷特寫〉，《中央日報》，1949 年 11 月 12 日，8 版。

蔣經國說：「記得父親引退之後，交我辦理的第一件事情就是希望空軍總部迅速把定海機場建築起來。父親對這件事顯得很關心，差不多每星期都要問機場工程已完成到何種程度，後來催得更緊，幾乎三天一催、兩天一催，直到機場竣工為止。到淞滬棄守，才知道湯恩伯將軍的部隊，就是靠由定海機場起飛的空軍掩護，才能安全的經過舟山撤退到臺灣。」[56] 定海機場的修建被視為蔣中正安排來臺的重要證據。

1949 年是值得被關注的一年，因為 10 月 1 日中華人民共和國建國、12 月 9 日中華民國政府播遷來臺、12 月 10 日蔣中正也來到臺灣。

1949 年臺灣在短時間內遷入大量人口，根據 1956 年中華民國戶口普查報告書得知，1949 年外省籍遷入人數超過三十萬人，從 1945-1953 年來臺的外省人數應該有一百二十萬餘人，1953 年臺灣總人口數八百餘萬人，外省人約佔當時人口的七分之一。[57] 這些龐大數量的民眾大多是在敵人砲火追擊下逃亡來臺，他們來自不同階級與職業，但以軍人居多。大多數的人在驚險的逃亡之旅結束後，還想著要回到原鄉，卻最終埋骨於臺灣。命運之悲舛，莫甚於此！

1949 年的大撤退就是骨肉失散、生離死別。遷徙到臺灣的「外省人」，思鄉情切，與親人兩地相隔，如同死別，情況異常悲慘。報導人蔡本德已是耄耋之年近百歲期頤，他談起弱冠年華之際，衛國從軍、飄揚入臺，從此與家人失去音訊，蔡本德說：

56　陳玲著，《舟山撤退機密檔案：六十年前的一頁滄桑》（臺北：時英，2010），頁 47。

57　林桶法著，《1949 大撤退》（臺北：聯經，2009），頁 330。

我的家鄉在湖南的攸縣，離長沙有一百八十公里，是很落後的小地方。二十多歲時的我，在家鄉做農的，種稻、地瓜，1949年村裡來了孫立人的人，問我們要不要去臺灣當兵，就這樣我坐火車從衡陽、後來在廣州待一個月，一天給六分錢生活，最後到基隆，當天又從基隆到鳳山陸軍官校當工兵，我那時是分配在日治時期養馬場的地方，負責餵馬吃草的工作。後來跟著部隊遷移，也在旗山溪洲待過，那時部隊還借廟裡睡覺。

我有五年的時間在屏東機場修跑道，那時恆春到墾丁的路也是我們鋪的，還有關廟、南化修路，1958年，我在里港打鐵村，經朋友介紹認識我太太的，當時寄宿的屋子都是破破爛爛的。1969年部隊裡有條款說家裡有生三個孩子即可退伍，我後來就退了。之後在榮工處，參加十大建設。另外有五年的時間修造曾文水庫、核三廠、小港的煉鋼廠……，這一待又是三十年。一生奉獻國家，我的太太很辛苦，照顧家庭，我南北奔波，只有領餉的時候才回家。

政府還未開放探親時，我曾捎信從香港轉到家鄉給姊姊，姊姊根本不知道1949年的弟弟怎麼失蹤了？還是從我信中才知道來了臺灣。等到開放探親回鄉祭祖時，姊姊也看不到了。[58]

　　大撤退時代的變動與悲劇，踏上紅塵便遺失方向，接續的人生落在哪裡，自己也無法預期，更遑論昭告親友，人海中倉皇一粟，再回首已是華髮。

58　報導人蔡本德，1921年次，出生地：湖南，口述。採訪日期：2017年7月11日。

筆者的父親周劍萍在 2009 年的生日感言時，預立遺囑給筆者，書信談到了 1949 年撤退來臺的經歷：

1937 年 7 月日軍侵華。日、德、義聯盟，義機空襲，致家毀戰火。避難鄉間，在二姊家過著寄人籬下的生活。我記得最慘烈的一件事，就是避難初期在大嫂家寄宿，那時大嫂的父親和我們兄弟三人用小木板船去城市搶搬物資，在返鄉的途中遭日軍槍殺，回到鄉間的岸邊，因為無醫藥急救，大嫂的父親流血致死，那時我僅十歲兒童，至為驚恐悲傷，這是親眼目睹的慘事。

1947 年 6 月，那時我十九歲半，做了一個命運轉捩的決定，表兄介紹我到東北，經中將處長趙家驤、少將何君錯聘我在秘書室任少尉。1949 年 5 月中旬跟著部隊撤退來臺。回顧過去，經歷中日戰爭、國共內戰，歷盡苦難，於 1949 年隨軍來臺，於今整整六十年。[59]

許多撤退來臺的軍人原本以為「一年準備、兩年反攻、三年掃蕩、五年成功」，沒想到只是口號，當再度踏上祖國的土地，回到家鄉，重逢的竟是親人的一抔土。這是一段屬於 1949 年撤退、及當時的臺灣人共同建構的歷史。

1950 年 3 月 26 日，西昌陷共，大陸完全赤化，國共在內陸的戰場的戰爭暫時告一段落。[60] 但緊接著又是一連串國共在大陸東南沿海的島嶼之戰。1950 年 4 月，海南撤退紊亂。4 月 29 日，海南防衛總司令薛岳緊急發電報給臺北的蔣中正，表示戍守海南的國軍必須全部撤離。報導人劉文波說：

59　先父周劍萍，江蘇省宜興縣人，1927-2010 年，遺囑未刊稿。

60　丁雯靜、唐一寧撰文，《最後島嶼紀實：台灣防衛戰 1950-1955》，頁 4。

我是從海南島戰役撤退到高雄、高雄再到屏東空軍參謀大學，也到過臺南空軍。離開空軍就到海軍了。[61]

當時撤不走的軍備，成了共軍有利的裝備；至於沒有來得及跟上撤退的地方軍，成為俘虜，有的被送往內蒙古修築公路、有的後來被送往韓國戰場，加入「抗美援朝」的行列。報導人周文光提起：

我從山東、山西、直到四川，到了最後一戰被共產黨打敗了，就派到韓國去，最後打敗，就被美國抓走當戰俘，談條件，交換俘虜。要去大陸的一邊、要去外國的一邊、要去臺灣的一邊。

我是 1954 年從韓國回來的，你看我手臂上有刺青「反共抗俄」，你不反共抗俄，就要殺你，沒有辦法，不刻不行，為了要活下來。[62]

1950 年 2 月下旬，蘇聯空軍支援中共，形成華東地區的防空體系，在 1950 年 4 月至 5 月，擊落由舟山岱山機場、定海機場起飛的五架國軍飛機。蔣中正知道共軍即將再次攻打舟山戰役，在 1950 年 4 月 27 日當天，由美國退役海軍將領柯克陪同前往舟山。蔣中正急電舟山防衛司令部石覺，準備撤退舟山事宜。影響蔣中正撤退舟山的理由莫過於「確悉俄製噴射式飛機排列在其機場上，乃得證實無疑，乃決心放棄舟山群島，集中全力在臺澎，以確保國家微弱之命根」。[63]1950 年 5 月後，國軍相繼自海南、舟山群島撤退，捍衛臺灣最北邊的大陳列島便扮演重要的角色。

---

61 報導人劉文波，1925 年次，出生地：重慶市，口述與錄影。採訪日期：2016 年 6 月 10 日。

62 報導人周文光，1920 年次，出生地：江西，口述並錄影。採訪日期：2016 年 6 月 10 日。

63 陳玲著，《舟山撤退機密檔案：六十年前的一頁滄桑》，頁 71。

　　1950 年 6 月韓戰的爆發，讓臺灣的命運與朝鮮半島的局勢演變息息相關。因為臺灣的軍事安全與國際局勢建立在韓戰是否持續。換言之，如果韓戰持續下去，臺灣的戰略地位就更有保障。美國總統杜魯門唯恐衝突擴及中國，演變成民主與共產集團大戰，遂於韓戰兩天後宣布以第七艦隊「中立臺灣海峽」，禁止中共與國民黨相互攻擊。華府只是想扶植臺灣成「自由中國」，做為美國在亞洲圍堵和對中共政策的工具，為了吸引全世界反共華人的支持，美國承認國民政府是中國政府，臺灣是中國的一部分，但華府不表示國民黨會取代中共。

　　蔣中正對華府起疑心，事實上，在 1950 年初期，蔣中正為了制衡美國有意扶植的陸軍總司令孫立人，蔣還曾經招募日本退役軍官來臺灣協助訓練國軍，擬定作戰方案、承擔國軍的思想改造、教育等任務，並設「圓山軍官訓練團」，由彭孟緝擔任教育長，由日本軍官白鴻亮為領導人，俗稱「白團」開始對國軍將領授課。

　　對美方而言，蔣中正運用「白團」，某些程度上也是他透露無法容忍臺灣的軍事防衛完全聽命於美國人，而且蔣中正相信國軍將士能夠從「白團」身上獲得來自美國人更多的利益。1951 年春天，臺北成立美國軍事顧問團，首任團長蔡斯最想處理的問題即是美軍顧問團無法與日本軍官團並存。在美方的強大壓力下，蔣中正做出妥協。1952 年 7 月，蔣指示「白團」地下運作，取消「圓山軍官訓練團」，同年 11 月成立「實踐學社」低調進行培訓國軍中高階將領業務。

　　1952 年 11 月，睽違二十年的美國共和黨艾森豪取得白宮政權，當選總統，數週間，蔣中正不斷思索與美國新政府打交道，希望擬定參加韓戰的機會，爭取軍事援助，設法在 1953 年內反攻大陸並開闢第二戰場，讓解放軍疲於應付，以及臺北與華府簽訂有關安全互助之協定。

1953 年 2 月艾森豪總統在致美國參眾兩院的年度國情咨文中，宣布解除「臺灣海峽中立化」，表示美國不再限制國民黨政府對中共發動軍事行動。蔣中正對此舉雖表歡迎，然實際上國府並未做好心理準備，所以，對華府宣布的「去中立化」，臺北立即發表聲明，未做好充分準備，不會貿然反攻大陸。隨著朝鮮半島局勢並未進一步惡化，美國對於臺美雙方簽訂的安保條款持予保留態度，因為對當時國民黨控制的中國沿海島嶼是否納入保護範圍，美方不敢承諾。

1953 年 7 月韓戰停火達成協議後，蔣中正對臺灣地緣戰略價值更加憂慮，因此不斷與美方磋商提交計畫案，希望美方繼續對臺灣提供軍援，蔣特別拋出臺灣單獨進行反攻大陸的議題，以做為國民黨政權在國際間「自由中國」的形象、在臺統治的正當性。

1954 年 6 月 21 日，蔣中正下令解除孫立人陸軍總司令之職，因為蔣中正認定美方已不接受計畫案的軍援要求，若讓孫立人繼續掌握兵權，則後患難除。一週後，美國大使藍欽與蔣中正會晤，蔣中正正式表示希望能與美國簽屬協防條約，並承諾未來軍事行動，都將在雙方共商後才進行，臺北不會單獨、片面的軍事行動。[64]

正當臺美希望簽訂協防條約的籲求在華府討論磋商中，1954 年 9 月 3 日，解放軍大規模砲擊金門，毛澤東砲擊金門的時機主要是嚇阻 1954 年 9 月 1 日美國國務卿杜勒斯在菲律賓參加的東南亞條約組織，不可以將臺灣納入範圍內。然而，砲擊金門給了華府考慮簽屬臺美協防的機會。1954 年 11 月 1 日，解放軍轟炸大陳，也讓臺美協防條約對外島界定更為敏感。同年 12 月 2 日，葉公超、杜勒斯分別代

---

64 林孝庭著，《台海・冷戰・蔣介石：解密檔案中消失的台灣史 1949-1988》，頁 128。

表臺、美簽訂〈中美共同防禦條約〉，條約正文對於中國大陸沿海島嶼的防衛，故意略而不提，美方希望以戰略模糊嚇阻中共，同時也阻止蔣中正想以外島做為反攻大陸的跳板。國府與美國簽訂協防條約，蔣中正對此感到滿意，他在日記寫道：「此乃十年蒙恥忍辱，五年苦撐奮鬥之結果，從此我臺灣反攻基地始得確定，大陸民心乃克振奮，此成黑暗中之一線曙光。」[65] 然而國民黨侷限在臺澎的格局，任何收復中國大陸的願望也不可能實現了。緊接著在〈中美共同防禦條約〉後，引發一江山的外島浴血，因而造成了大陳島民的忍痛撤退一連串的問題。

第三節　大陳撤退與安置

一、國共戰爭時期大陳島的發展狀況

　　大陳居民抗戰期間因對內有匪患、對外有日侵，因此紛紛逃往大陸。1949 年抗戰勝利，浙東有些地方陷共，王相義堅決反共，深受上級政府器重，時任浙江反共自衛隊支隊長，全力保衛大陳島。1950 年舟山撤退時，海軍總司令桂永清將軍乘旗艦停靠大陳時，王氏登艦晉謁，還對桂總司令說：「生於大陳，願與大陳共存亡。」此舉令桂總司令感動不已。[66]

　　國軍在 1950 年舟山撤退後，大陳列島成為國軍最後戍守的島嶼。然而，根據美國中央情報局（CIA）內部分析，1950 年留在中國大陸效忠國府的部隊總數約六十至六十五萬間，五角大廈的官員認

65　林孝庭著，《台海・冷戰・蔣介石：解密檔案中消失的台灣史 1949-1988》，頁 110。

66　陳仁和編著，《大陳島—英雄之島》，頁 22。

為，這些地下游擊活動不可能推翻共產政權，因為國民政府缺乏有力的政治團體，也沒有堅強的領導，根本沒有人具有威望。[67]

1950 年 6 月 25 日凌晨韓戰爆發，中共無暇兼顧浙閩沿海島嶼。美國為了牽制中共在朝鮮戰場的部署，美國中情局（CIA）與蔣中正合作，成立「西方公司」，公司先是在臺灣，[68] 後來遷至上大陳的南坑，以主動提供軍援給中華民國政府，利用游擊隊，也就是反共救國軍，進行東南沿海的搗亂，並使得中共無法全力投入韓戰。然而1953 年 6 月中共攻佔位於大陳島南邊一座無人島──積穀山，島上的工事與電訊設施遭到毀壞，駐守大陳的「西方公司」認為共軍已經逼近，淪陷在即的謠言甚囂塵上，隨即將「西方公司」撤離，此舉嚴重影響國軍士氣。

從 1951 年至 1955 年撤退大陳之際的這幾年中，國府投注相當多的軍事資源與民生建設在大陳島上，大陳遂成為重要的反共堡壘，如：1951 年設立「江浙反共救國軍總指揮部」，駐防下大陳財神廟廂屋兩間辦公，由胡宗南將軍擔任總指揮，並化名秦東昌，負責大陳島與周圍島嶼的游擊隊伍整編，統稱從北到南的漁山（象山縣屬）、田嶴、頭門、一江（臨海縣屬）、大陳列島（溫嶺縣屬）、披山（玉環縣屬）、北麂和南麂（平陽縣屬）為「大陳地區」，強化「大陳地區」為浙東沿海的反共堡壘。

隨後，總指揮長胡宗南將軍認為下大陳為市廛所在，不宜駐防軍事機構，便將指揮總部移駐上大陳大岙里，派遣臺部隊整編後的編餘

67　翁台生著，《CIA 在臺活動秘辛──西方公司的故事》（臺北：聯經，1991），頁 11。

68　翁台生著，《CIA 在臺活動秘辛──西方公司的故事》，頁 21。

軍官第五軍、第十八軍戰鬥團員，擔任反共救國軍（游擊隊伍）七個野戰大隊的各級教官。[69]

1952 年胡宗南兼任浙江省政府主席以實施戰地黨、政、軍的密切配合，鞏固防務，推動大陳島各項建設，並於 1953 年基於戰時需要，將浙江省政府撤回臺灣，大陳改設浙江省大陳地區行政督察專員公署，由沈之岳少將兼任行政督察專員處理所有省政府行政工作，而作戰指揮機構則改設大陳防衛部，由劉廉一中將擔任大陳防守司令。重劃行政區域、整編大陳島鄉鎮村里、實施地方自治、成立地方訓練班以民主憲政理想推進；設立戶政制度，肅清潛匿匪諜，實施戶警合一制度，確立居民身分。

由於島上無公廁，只有少數糞坑，環境衛生不佳，一到盛夏，惡臭滿天，報導人陳香珠說：

> 我們在島上都是在木器上如廁，然後挑著糞水倒在田地溝渠。[70]

因此，針對環境衛生的改善，國軍計畫上下大陳的村里設置一個公共廁所，1953 年在下大陳設立衛生院，同時在上下大陳與各外島設置衛生所，推動衛生行政，提倡肅鼠滅蠅、預防注射、嬰兒保健觀念，同年，聯勤總部在上大陳設立第五十四軍醫院、上下大陳分駐中美醫院分院，使醫療更具完善；因為國共斷絕交通，糧食物資依賴臺灣運輸，因此軍艦補給成為臺陳海上交通唯一工具。

69　於憑遠、羅冷梅編纂，《胡宗南上將年譜》（臺北：臺灣商務，2014），頁295。

70　報導人陳香珠，1945 年次，出生地：下大陳，口述並錄影。採訪日期：2016 年 11 月 14 日。

1952 年，大陳物資局開闢民營輪船行駛臺陳航線，以便物資運送，另外在上下大陳與竹嶼間，每日有固定的機動船往來；軍政當局修改舖築環島公路、碼頭；為解決大陳島內無河流，居民飲水端賴積泉或挖井、夏季久旱等用水問題，雖然江浙反共總指揮部曾在上大陳大嶴與下大陳東坑、玻璃坑蓋了兩個蓄水池，但因不敷使用，仍計畫興建十三個蓄水池，每村里各一個（體積為十四立方公尺，容水量十四噸）；在下大陳玻璃坑至南坑里一段，分段築壩設閘管理，此壩若完工，就可以提供全鎮軍民飲水；[71] 辦理大陳郵局，對軍民通訊有貢獻；裝置海底電線方便居民有急事時，以軍用電話聯絡；設柴油發電機供電為使下大陳商業區繁榮，其他鄉村有軍隊駐紮者則由軍方負責供電；發行「大陳臺幣」；開發農業與造林，1951 年向農復會領得萬株苗木種植，綠化大陳；普及教育，設立初等學校、中正中學與幼稚園和一些社教活動。

當時大陳國軍時常向敵軍進行心理戰與海上游擊隊監視共軍活動，甚至還對大陳島民進行猶如「白色恐怖」的治理。張學壽和周普法紛紛談到彼時恐怖的治理氛圍。

> 在那個時候，我們不能去大陸買東西，在大陳島只能吃地瓜，就算有錢也不能買西，只要去（案：大陸），他們（案：國府）會把你當成匪諜，把你抓起來。我們在大陳沒有看過共產黨，只有見過國民黨。[72]

> 當初我去大陸做生意，回來就被國民政府認定我是匪諜，所以把我抓去綠島關了五年，後來才放我來臺灣的高雄旗津住

---

71 何政哲，〈大陳過臺灣——1950 年代新移民的個案研究〉，頁 21。

72 報導人張學壽，1929 年次，出生地：下大陳，口述並錄影。採訪日期：2016 年 5 月 22 日。

下來，政府賠償我幾百萬元。[73]

另外，針對國軍軍紀對百姓造成的問題，葉瑞元的家人深受其害，他說：

> 我們在上大陳那邊的房子是很大的，三層樓洋房。因為戰爭
> 的關係，國民黨部隊到那邊駐守，利用當時現有的建築物，
> 部隊進駐。以前的軍紀跟現在有很大的差別，當時站衛兵的
> 抽菸，一個不小心就把我們房子燒掉了，因為裡面放了很多
> 炸彈、子彈。大家跑出來，房子也毀了。這是我們在大陳很
> 不幸的際遇。[74]

國共戰爭時期，大陳居民生活陷入困境，民生物資不能再從大陸方面供應，臺灣運送到大陳的物資也無法供應大部分島民的需求，漁網也不能買，抓魚的人變得很少，有人偷偷去大陸買東西，回來還會被盤問為什麼去大陸？在供不應求的情況下，物價飛漲，根據胡宗南的〈大陳地區視察報告並建議—經濟狀況〉，當時大陳物價為臺北一倍以上，百姓苦不堪言。[75]

從國府對大陳島上種種建設可以看出，當時的國府確實有心建設大陳，所以才施行一連串具體的建設，如：民政方面、社會福利與救濟、交通水利、經濟措施、教育與社教推廣，然而戰爭時環境的艱苦，側重軍事建設，島民生計成為次要，大陳只是反共的跳板，距離臺灣太遠補給又不易，所以成效不彰。

---

73 報導人周普法，1921 年次，出生地：下大陳，口述並錄影。採訪日期：
　2017 年 4 月 7 日。
74 報導人葉瑞元，1956 年次，出生地：臺灣，口述並錄影。採訪日期：2016
　年 9 月 10 日。
75 何政哲，〈大陳過臺灣—1950 年代新移民的個案研究〉，頁 23。

　　1953 年韓戰結束簽訂停火協定後，1954 年印支戰爭也告終止，中共擺脫這兩個戰場後，隨即加強大陸沿海問題，全力對付臺灣，解放軍的首要目標就是浙東沿岸諸島。1954 年第一次臺海危機金門「九三砲戰」，美國中央情報局形勢報告指出，中共的砲擊是一種試探美國意圖的行動，如果中共軍事行動沒有受到美國制止，中共就會擴大規模，解放沿海島嶼。若是美國捲入衝突，就正是說明了美國侵略中共的野心，破壞亞洲反共聯盟前景，順勢提高中共的聲望。[76]

　　因此，間接促成國府與美國同年 12 月簽訂〈中美共同防禦條約〉，美方希望透過條約阻止中共的侵臺，然而此一舉動造成中共極大不滿，認為美國勢力介入臺灣，表達抗議之餘，試探美國的反應，也想趁〈中美共同防禦條約〉尚未生效前，發動「一江山戰役」。一江山島與大陳之間僅距十一公里，解放軍要攻打大陳，必先占領一江山。1954 年 10 月，蔣中正派曾經接受美國軍事訓練的劉廉一接任大陳防衛司令，在劉將軍的推薦下，王生明擔任一江山地區司令，這是王生明第二次再上一江山。1954 年 12 月 20 日，王司令領導全體游擊戰士 150 人，以長約五尺寬約二尺的白布，用鮮血簽名效忠總統蔣公，保證有我無匪的誓書一幅，呈獻國防部以示他們保衛國土的堅強決心。[77]

　　一江山戰役在 1955 年 1 月 18 日發起，萬餘共軍攻打一江山，並喊出：「打下一江山好過年」的口號，在六十一小時又十分鐘戰鬥下，全島籠罩一片火海。報導人張學壽談起一江山的戰事，他說著：

76　周湘華著，《遺忘的危機：第一次台海危機的真相》（臺北：秀威，2008），頁 2。

77　趙滋蕃著，《烽火一江山：王生明傳》（臺北：幼獅，1985），頁 83。

「當初共產黨攻打一江山，我們在下大陳都可以看得到炸彈轟炸的煙火，好可怕啊！」[78]

　　隨著一江山的失守，大陳列島失去北方的屏障，解放軍隨即對大陳島展開日夜的轟炸，大陳防務岌岌可危，1955 年 1 月 24 日，美國總統艾森豪向美國國會提出「特別咨文」，要求授權給總統於其認為必要時，得使用美國武裝部隊專事確保臺澎。艾森豪在同年 1 月 28 日得到國會決議，授權總統動用美國國防部隊防衛臺灣、澎湖以及臺灣海峽「相關陣地及領域」，1 月 30 日政府盱衡局勢，決定將大陳島民轉進臺灣，並在同年 2 月 8 日由中華民國國軍與美國海、空軍聯隊共同執行，在美國第七艦隊護航抵達基隆港，是謂「金剛計畫」；又於同年 2 月底由國軍獨立完成的「飛龍計畫」，撤離了南麂列島最後一批軍民，至此，大陳列島的撤離計畫終算圓滿完成。

　　此次接待之大陳人總人數，根據檢驗大陳移民原有身分證與發給接待證，統計共為 19,287 人，扣除軍眷 944 人由軍眷管理處安置外，實際接待人數是 18,343 人。[79]

二、撤運與接待

　　大陳島民撤退臺灣之前，撤退準備的工作雙方同時展開。1955 年 1 月 26 日在浙江省大陳區行政督察專員公署張貼佈告：

78　報導人張學壽，1929 年次，出生地：下大陳，口述並錄影。採訪日期：2016 年 5 月 22 日。

79　行政院國際經濟合作發展委員會，《大陳義胞安置計畫總卷（1955-1958）》，中央研究院近代史研究所檔案館，館藏號：36-18-004-039。

　　查大陳地區已進入緊急備戰期間，最激烈之戰鬥即將到來，本署為謀減輕部隊負擔，增強作戰力量，併為作戰期間，確保民眾生命安全起見，擬將本地區民眾，設法疏散至後方，以策安全。

　　凡志願疏散後方之民眾，不分男女老幼，自即日起至二月二日止，向各該縣政府登記，以便準備交通工具。[80]

　　自佈告貼出後，不到兩天的時間，各村里民踴躍登記，據統計大陳地區（除南麂外）總人口有 17,132 人，只有 3 人病重未來登記。大陳民眾去臺灣的意願很高。[81]

　　行政院則是在 1955 年 1 月 25 日開始約集有關方面，陸續召開大陳地區撤退來臺接待安置工作緊急會議，會議多次商討並決定：

相 2-7　浙江省大陳區行政督察專員公署佈告。資料來源：國家文化資料庫，資料檢索日期：2017 年 3 月 7 日。網址：http//nrch.culture.tw/view.aspx？keyword=%E5%A4%A7%E9%99%B3&s=2316774&id=0000816582&proj=MoC_IMD_001。

80　陳仁和編著，《大陳島──英雄之島》，頁 149。
81　〈浙江省大陳區行政督察專員公署佈告〉，文化部：國家文化資料庫。資料檢索日期：2017 年 3 月 7 日。網址：http//nrch.culture.tw/view.aspx?keyword=%E5%A4%A7%E9%99%B3&s=2316774&id=0000816582&proj=MOC_IMD_001 。

（一）在國軍協助下，將上、下大陳及披山、漁山、南麂各島民眾，不分男女老幼，依其志願接運來灣。

（二）義胞入臺後，除自願歸屬其戚友外，政府負責安置接待住所、就業、就學或收容。

（三）隨同撤運來臺之兵眷，不屬於國防部軍眷管理範圍者，得以同等待遇併同接待。[82]

為完成此三項任務，並於同年 1 月 28 日成立「大陳地區反共義胞來臺輔導委員會」，由內政部長王德溥、臺灣省主席嚴家淦為召集人，大陸救濟總會秘書長方治為總幹事，臺灣社會處長傅雲、總政治部副主任易國瑞、內政部社會司長劉脩如為副總幹事。委員會設立十組，分宣慰、運輸、補給、接待、衛生、營建、安全、就業、財務、總務，[83] 其計畫實施的要點如下：

1. 撤運

以浙江同鄉會祝紹周率領的六人小組，前往大陳負責宣慰調查聯絡事項；另外針對人員上船前的注意事項則是需先領取臨時入臺證掛左襟，以資識別，而且每戶不使分離，並以維持原有地域建制關係為原則；自攜行李，每人至多不超過一百磅；但漁民有漁網者及商店之物資被認定有特殊價值者不在此限；若有志願單獨駕船來臺者，事

82　行政院國際經濟合作發展委員會，《大陳義胞安置計畫總卷（1955-1958）》，中央研究院近代史研究所檔案館，館藏號：36-18-004-039。

83　行政院國際經濟合作發展委員會，《大陳地區反共義胞來臺輔導委員會組織規程（1955.02）》，中央研究院近代史研究所檔案館，館藏號：30-01-01-010-01）。

相 2-8　大陳島民撤退情況。
資料來源：翻攝自《島嶼碼頭新故
鄉－大陳島撤退影像紀實》，頁 25。

相 2-9　大陳島民撤退情況。
資料來源：翻攝自《島嶼碼頭新故
鄉－大陳島撤退影像紀實》，頁 24。

先須取得大陳專署或縣政府發給
臨時入臺證到基隆和平島上岸，
得同樣接待，但以部隊離開大陳
後，十日內為限。

2. 登岸

　　船抵達碼頭時，以浙語向大
陳人民報告接待程序；每船的總
領隊報告全船總人數並繳送調查

相 2-10　大陳島民撤退情況。
資料來源：翻攝自《島嶼碼頭新故
鄉－大陳島撤退影像紀實》，頁 25。

名冊；衛生人員在下船梯口為人員噴射 DDT 消毒並告知接待證掛在
左襟；接續則是各小隊長率領大陳人員自攜行李登岸上車；大陳婦聯
分會孤兒院之兒童，上岸後集體送至臺北婦聯總會指定集合所。

3. 住入基隆臨時接待所

基隆各臨時接待所由基隆辦事處主任、副主任、指揮管理員及配備的服務員，為義胞服務，引導分配舖位與秩序；分配的舖位，每兩人共一席或小孩二至四人共一席，眷屬以隨同戶長，不分割為原則。

用餐方面則是每人發碗筷一套，隨身帶用，第一餐每人發給麵包三個、鹹蘿蔔一支、香蕉一根；第二餐起供應熱食，每日兩餐，每人預算共三元五角。而且以五十人編一伙食團，每團推舉無兒女拖累的男女五人負責炊事。

由於空間有限，集體沐浴，男孩歸父、女孩歸母。就衛生方面則是每一接待所先噴射 DDT，人員入住後，再為行李消毒；並設立醫務室，辦理臨時醫療事務。另外，有關於身分辨識則是第二日起個別拍照、補填入境申請，檢驗原有身分證加蓋戳記，準作臨時身分證通行三個月，原有身分證遺失者由浙江省政府辦事處證明補發。第六日起，已辦妥一切手續領得加蓋驗訖的臨時身分證者，准許請假外出，採訪親友，但必須回接待所過夜；但如有親友可資投靠，自願離所他適者，取得親友出具保證書送經核准後，第六日以後即可離所。第八日起整裝聽候轉送各縣。

4. 轉送

分別安置宜蘭、花蓮、臺東、高雄、屏東五縣。如分配花蓮、臺東者，從第八日起陸續分批用輪船，再用火車運送；分配宜蘭、高屏者，從第八日起分批用火車運送。輪船火車上給養每人兩元便當一盒，視其途程計算餐數。

5. 住入各縣接待所

宜蘭、花蓮、臺東、高雄、屏東五縣接待所時間以三個月為度，給養按照軍眷待遇統籌撥發實物及副食費，交由各縣分會仿基隆臨時接待所方式，督飭辦理，並規定每人攜帶餐具、草蓆前往。每一接待所，訂頒自治公約遵守。在衛生醫療方面，接待所噴射 DDT 消毒，設立醫務室，配合當地衛生所及省立醫院為大陳人員看診。更重要的是在此期間辦理大陳移民職業分配、職業指導有關事項，以協助其就業輔導。

6. 安置

根據「大陳地區來臺義胞就業輔導委員會」1955 年 3 月 30 的工作總結報告書提到，自 1955 年 2 月 24 日至同年 3 月 4 日，此次接待

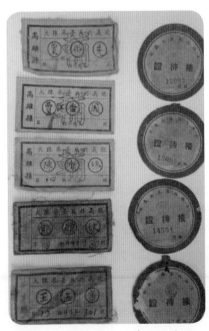

相 2-11 大陳來臺反共義胞接待證。
資料來源：周秀慧攝。

相 2-12 報導人賈小光。
資料來源：周秀慧攝。

來臺的總人數，根據檢驗大陳人民原有身分證及發給的接待證，統計共有 19,287 人，扣除軍眷 944 人由軍眷管理處安置外，實際接待的大陳人民 18,343 人。在安置宜蘭、花蓮、臺東、高雄、屏東五縣接待所時，人員分配如下：宜蘭縣人數 4,724 人，住於 26 個接待所、花蓮縣人數 2,966 人，住於 31 個接待所（案：報導人吳學寶說法為 34 個接待所）、臺東縣人數 2,180 人，住於 23 個接待所、屏東縣人數 3,835 人，住於 22 個接待所、高雄縣人數 3,913 人，住於 18 個接待所，總計 17,618 名，合共 120 個接待所。其中缺額 725 名，則是包括自願投靠親友及具領三個月寄養代金者 358 名、華興育幼院收養者 203 名、原大陳中正中學之學生，直接送往員林實驗中學就讀者 80 名、送往救濟院收容所者 79 名、住臺北醫院者 5 名、新生兒 21 名、死亡除戶者 21 名。[84]

在安排大陳人就業類別中，則分為漁、農、畜牧、手工業、小販、教育工作等類，貸與生產資金或生產的工具。各縣分會勘定具報興建大陳新村的地點，並依其就業地點遷入新居，按每戶平均造價 6,000 元，設計木造、磚造、卵石造三種圖式擬定，計 5,049 戶，做為永久住所。另外比照軍眷標準待遇，除了提供給養費用，每人三個月固定配給的數量有糙米 42 公斤、生煤 136.5 公斤、黃豆油 60 市兩、食鹽 1.5 公斤和副食費 90 元。然後再依照戶籍請領換發身分證。[85]

---

84 行政院國際經濟合作發展委員會，《大陳義胞安置計畫總卷（1955-1958）》，中央研究院近代史研究所檔案館，館藏號：36-18-004-039。

85 行政院國際經濟合作發展委員會，《大陳義胞安置計畫總卷（1955-1958）》，中央研究院近代史研究所檔案館，館藏號：36-18-004-039。

報導人江湯圓提到撤運與接待時的情況，他說：

到了臺灣是到基隆下船，阿兵哥用很多公車來接我們，送我
們到國民學校裡面去，他一個車子裝多少人有規定的，不能
超過這個人數。比如我們一家五個人，上去兩個，還有三個
沒有上去。這車把你送這個學校，後面那堆的則送去那邊的
學校，分開了，我們不知道到哪裡找？還到第二天，人通通
到國民學校裡面了，上面在查：「你們家還有幾個人沒有跟你
在一起？給你送到那個地方去啊！」以後才慢慢合在一起。

住在國民學校裡面，床鋪連在一起，一家幾個人睡覺，吃大
鍋飯菜，用煤氣煮，我們在那邊住了一段時間。

我們從基隆到屏東東港，坐火車慢車，不像現在車子很快，
鐵路很快，從早上搭到晚上到東港，我們每個人都怕了，在
大陳島沒有火車。從早上搭到晚上才到東港。

在東港一個村莊裡面，我們大陳人住在招待所裡面，這個招
待所三、四十人，那個招待所三、四十人，幾家幾家安排。
住下來，吃也吃公家的。米、香蕉、肉、番茄、魚給我們
吃，像阿兵哥一樣。大鍋菜在國民學校一個教室裡面吃，那
時候，我們吃菜很省，買菜還有剩錢，一個月分幾塊錢零
用。[86]

---

86 報導人江湯圓，1932 年次，出生地：下大陳，口述並錄影。採訪日期：
    2016 年 5 月 9 日。

三、安置計畫的檢討

　　根據美援會第四處在 1959 年 4 月 30 日一份「大陳義胞安置計劃（FY 五五 -FY 五九）檢討報告」得知，1955 年透過美援協助蓋建 35 個大陳新村安置一萬八千餘名大陳移民，並根據漁、農、商、工四類輔導就業，截至 1959 年 6 月底，全部總計已撥付新臺幣 131,095,549.06 元，其中美援大陳移民的各項計畫專款共67,818,849.89 元，佔 51.74%。農復會補助農墾計畫興建東振新防洪及灌溉工程款 11,000,000 元佔 8.39%。政府在 1959 年度配合東振新灌溉工程款 3,000,000 元，1957 年至 1959 年度補助醫療費用為 888,285.86 元，另有 48,365,057.79 元為管理費與給養費，合計52,253,343.65 元，佔 39.87%，[87] 見圖 2-3。

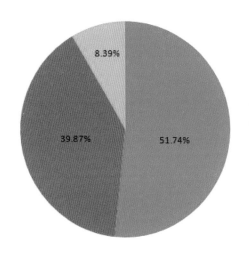

圖 2-3　安置計畫經費來源比例圖。
資料來源：行政院國際經濟合作發展委員會，《大陳義胞安置計畫總卷（1958-1962）》，館藏號：36-18-004-040，製圖者：周秀慧。

87　行政院國際經濟合作發展委員會，《大陳義胞安置計畫總卷（1958-1962）》，館藏號：36-18-004-040。

　　由於政府輔導大陳移民就業的計畫性質不一，對於給養的時間也有所調整，根據職業類別，政府給養終止的時間如下：漁業者，給養至 1956 年 12 月止。農業者分兩型，一是墾農者，給養至 1959 年 6 月止，並自 1958 年 1 月起改半數發給；一是僱農者，給養至 1956 年 12 月止。商業者，給養至 1956 年 12 月止。手工藝者，給養至 1957 年 6 月止，並自 1957 年 1 月起改半數發給。[88] 大陳移民輔導就業未盡理想，實際就業人數少於輔導就業人數，見表 2-1。

表 2-1　輔導就業與實際就業的人數百分比

計畫名稱	漁業計畫	農業計畫	商業計畫	手工藝計畫	總計
原計畫輔導人數	1,951 人	墾農 1,036 人 僱農 1,238 人	938 人	814 人	5,977 人
實際就業人數	1,805 人	墾農　890 人 僱農　330 人	239 人	0 人	3,264 人
就業百分比	92.52%	墾農 85.91% 僱農 26.66%	25.48%	0%	54.61%

資料來源：行政院國際經濟合作發展委員會，《大陳義胞安置計畫總卷（1958-1962）》，館藏號：36-18-004-040，製表者：周秀慧。

　　從表 2-1 得知，大陳移民群中只有 54.61% 的人有依照原計畫進行就業，來臺新生的大陳人並未實際投入就業輔導的市場，檢討原因不外乎，如：就業投資額的不足，而且欠周詳。根據前工業委員會估計，臺灣每一個就業工人，就業需投資新臺幣 18 萬元，農民則需要 7 萬元。可是各大陳就業計畫之每人平均投資額僅為漁業者 7,774

88　行政院國際經濟合作發展委員會，《大陳義胞安置計畫總卷（1958-1962）》，館藏號：36-18-004-040。

元、農業者 13,706 元、商業者 2,754 元、工業者 3,468 元。大陳移民
投入臺灣市場，政府給予各計畫輔導就業的投資額過低，實質的幫助
有限。

根據安置計畫檢討報告中得知大陳人勞動力分析，職業類別裡的
漁業、農業的戶數、人口數以及有工作能力者也最多，但是家戶中嗷
嗷待哺無工作能力的人數也很多，顯示單單靠一項工作計畫維持家庭
生計其實困難重重，茲如表 2-2。

表 2-2　大陳移民勞動能力分析表

	漁	農	商	工	碼頭工	製酒工	軍眷	總計
戶數	1,627	1,256	938	421	96	37	387	4,762
含家眷人口數	7,838	5,369	2,662	1,252	391	137	899	18,548
有工作能力的人（接受計畫輔導就業）	1,951	2,274	938	814	96	37	-	6,110
上者之百分比	24.98%	42.35%	35.24%	65.02%	24.55%	27.01%	-	32.94%
無工作能力的人	5,887	3,095	1,724	438	295	100	899	12,438
上者之百分比	73.11%	57.65%	64.76%	34.98%	75.45%	72.99%	100%	67.06%

資料來源：行政院國際經濟合作發展委員會，《大陳義胞安置計畫總卷（1958-
1962）》，館藏號：36-18-004-040，製表者：周秀慧。

表 2-2 上列數字，除了農業的人口數字係依農墾處提供 1958 年
12 月底人口數字外，其餘的各業人數皆是 1955 年到達臺灣之人數
計算，事實上，依照這份 1959 年度安置計畫檢討報告書來看，四年
來，大陳移民出生人口頗多，各業戶數與人口數有消長，漁業之實際

人口由漁管處統計中,工商及其他職業者待建設廳調查,估計全部大陳人可能超過兩萬人。綜合表 2-1 與表 2-2,一萬八千餘民的大陳移民只有 1/3 有工作能力,2/3 屬於老弱疾病殘廢與兒童;全部有工作能力者也只有 54% 接受計畫輔導就業,人口約莫 3,300 人,對於嗷嗷待哺的家戶群,確實出現嚴重的社會問題。

整個安置計畫中除了大陳新村房屋計畫具實效外,其餘計畫並未成功,問題多尚待解決。茲將計畫分列、檢討問題如下:

(一)大陳新村房屋計畫

興建大陳新村共 35 處,住宅 4,796 戶,從 1955 年 6 月開始設計施工至 1956 年 12 月全面完工。施工中因為建築材料上漲,預算不敷使用,所以公共房屋原定蓋建 75 棟,實建數目為 48 棟半,以資挹注預算不足,故在高雄旗津、臺東烟仔寮、屏東溝美里、南投埔里、桃園大溪、基隆各新村均未興建公共房屋。原蓋建之房屋基地與公共房屋是屬公有財產,住宅房屋約有 2/3 為贈與、1/3 須貸款,但是大陳移民生活困難,經美援會與安全分署洽准已改為贈與,先前繳納的貸款利息全數退還大陳人,解除貸款合約,受贈與的房屋五年以內不得移轉。房屋之營建,除了技術工與材料招工承辦外,其餘小工工作均由大陳子弟自行參加,按照工作日撥發工資、營養實物。房屋分為磚造、木造、石造與土造,主要的材料皆由水泥會、林管局配售或就地採購,而房屋建造的工程工料費、傢具費、運輸費與設備費等,皆由美援會贈與支付,實用經費 29,939,365.11 元,剩餘 60,143.85 元已全數繳還美援會。[89]

89　行政院國際經濟合作發展委員會,《大陳義胞安置計畫總卷(1958-1962)》,館藏號:36-18-004-040。

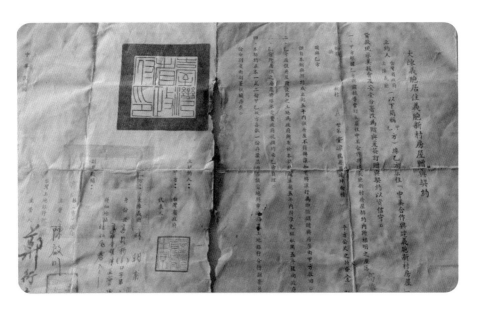

相 2-13 「大陳義胞居住義胞新村房屋贈與契約」,「大陳義胞」林朝甫是報導
人林春生的父親。
資料來源:林春生提供。

　　分布全臺 12 個縣市,共計 35 處大陳新村分別是:基隆市的八斗
子漁師新村、新北市的永和五和新村、桃園市的大溪更生新村、新竹
縣的南寮信義新村;中臺灣是南投埔里紹興新村;南臺灣有臺南市水
交社博愛新村、高雄市的阿蓮再興新村、大社和平新村、嶺口凱旋新
村、林園力行新村、鳳山太平新村、茄萣南田新村、旗津實踐新村;
屏東市溝美自由新村、屏東縣新園中興新村、番子崙新龍新村、南
岸玉環新村、大響營青山(玉泉)新村、大響營東山新村、潮州泗林
鳳尾新村、高樹百畝新村、虎磐新村、南龕新村、南勢日新新村、舊
埔崙自強新村、里港克難新村;宜蘭縣的大溪忠孝新村、礁溪成功新
村、壯圍仁愛新村、蘇澳岳明新村;花蓮縣的美崙復興一村、美崙復

興二村；臺東縣臺東市的富岡漁山新村、太平披山新村、大武披星新村。（見圖 2-4）

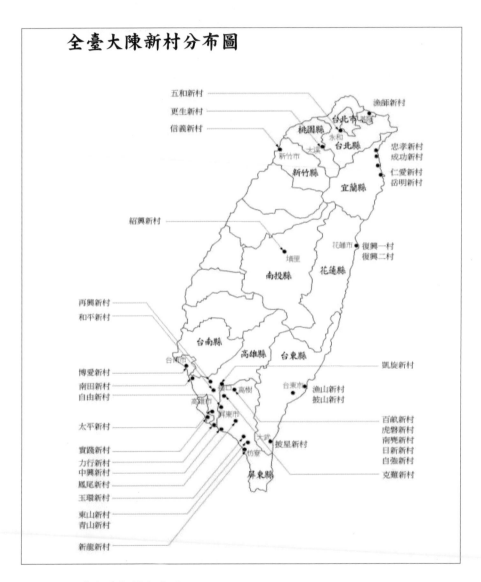

圖 2-4　全臺大陳新村分布圖。

資料來源：吳學實著，《腳印》，頁 129。

（二）漁民復業計畫

　　全臺計 11 處漁業新村，基隆漁師新村、宜蘭蘇澳岳明新村、大溪忠孝新村、東港仁愛新村、花蓮美崙復興一村、屏東枋寮新龍新村、新園中興新村、臺東富岡漁山新村、大武披星新村、高雄力行新村、白砂崙南田新村。政府協助漁船修建，兩噸級動力舢舨 293 艘、兩噸級無動力舢舨 86 艘；採購漁具中，漁網 221 組、雜漁具 73 組。教育訓練方面則是調集大陳漁民 283 名在高雄旗津水產學校訓練輪機駕駛與保養，為期一個月；另外在各地開設漁撈訓練班，沿海實地講習。僱用 92 名輪機及漁撈技術指導員，協助大陳漁民捕魚與引擎保養。

　　由於輔導就業之漁船漁具已全部放領就業，自 1957 年 1 月起所有來臺之大陳漁民不再給予主副食補給，所有漁村之家庭主婦經政府輔導，編結尼龍髮網對生活頗有幫助。然而從 1958 年春開始，尼龍髮網受國際價格低落無法繼續，建設廳與社會處研擬家庭副業輔導計畫，洽請美援經費，因此漁民收入勉強餬口，無力提存修船準備金，還有枋寮、東港、大武的大陳新村附近之漁港工程尚未完工，無法作業，甚至像是仁愛新村、漁山新村、披星新村漁期較短，不足維持生計，所以有些漁民轉業成墾農，政府撥配墾地，補助種子、肥料、農具等，使之漁業兼農業，生活普遍困難。另外調整就業編組，減少沿海漁業人數，改就遠洋漁業，以增加個人漁獲收益。[90]

90　行政院國際經濟合作發展委員會，《大陳義胞安置計畫總卷（1958-1962）》，館藏號：36-18-004-040。

（三）農業就業計畫

分為兩種安置法，有墾農與僱農。「墾農部分」：政府在屏東東振新墾區五個新村撥配墾地 507 甲給 517 戶大陳墾農者，並由水利局興建防洪灌溉工程，完工堤防 5,480 公尺，購置農具、每村挖井水、建曬穀倉庫畜舍；「僱農部分」：安置臺糖農場僱農 630 戶。然而根據農墾處資料，1958 年 6 月至 12 月，每月每戶平均收入約新臺幣 400 元，每年約 4,800 元；臺灣農民收入，根據農復會資料，1957 年平均每戶年達美金 565 元（換算 24.78：1.00），臺灣農民，每戶平均 6.3 人，大陳墾農每戶平均 4 人相比較，大陳移民墾農者收入比臺灣一般農民少很多。另外，農墾處資料，臺糖各農場的僱農，係臺糖包工者，工作零星、工資甚低、工作也不穩定，每戶每月平均收入約 220 元。還有農墾計畫灌溉工程費時三年完工，耗資援款與政府經費一千餘萬元，但面臨枯水期能否引水，或是部分墾地高於灌溉水系統，有水也無法灌溉之種種問題。[91]

（四）商業計畫合作組織

政府發給每戶 2,000-2,800 元做為就業資本費用，938 戶中有 258 戶運用此資金組織下列合作社，分別從事的是：46 戶組織一醬醋合作社，在中和鄉開設醬油廠一家；20 戶在基隆組成第一船舶修建合作社；20 戶在高雄組成第二船舶修建合作社；48 戶在中和鄉組織土木建築合作社；124 戶在新竹組織魚類加工合作社。另外有 158 戶俟經濟部協調安置臺北松山第二市場營業、38 戶安置在臺南市大林市場。

---

91 行政院國際經濟合作發展委員會，《大陳義胞安置計畫總卷（1958-1962）》，館藏號：36-18-004-040。

　　然而經營小本生意的地點又被指定在各大陳新村內，大陳移民的購買力薄弱，營業收入難以維持日常生活，無法繼續經營，政府所發給的資本額早已食用殆盡。實際上，醬油廠雖然生產醬油口碑佳、品質受肯定，但價款須兩、三個月才能付清，資金後來週轉困難，利息負擔沉重，經營不善，最終受颱風毀損即告停業。第一、第二船舶修建合作社也不佳，土木建築合作社無業務，魚類加工合作社解散等情況，商業計畫運作也不甚理想。[92]

（五）手工藝計畫

　　本計畫從 1956 年 1 月開始辦理，原應開設五個製造竹器、木器、籐器之工廠，已購置機器各一批，還有各種手工業工具 79 種，但建設廳因故無法繼續執行，乃與泰國僑商程雲祥氏訂約，委託程氏協辦，並由程氏償還美援貸款本息。然而程氏除了在礁溪設炮竹工廠安置 60 人就業外，其餘皆未開工、大陳人無獲得就業。後來炮竹廠也與大陳手工業者發生糾紛而停工，其他各廠根本沒有推動，建設廳與程氏解約手續，聘請律師追討交給程氏的週轉金與原料費用，計應追回的款項有 1,120,824.90 元，倘若此筆一百多萬的款項再加上原先投資的廠房器具，合計 2,527,464.09 元，手工業者反應如果建設廳將此筆投資金 2,527,464.09 元均分 421 戶手工業者，每戶可得六千餘元，自行投資運作其效果都比本計畫好。

　　另外，本計畫有訓練漁、農、工、商各業的眷屬三千餘人編織尼龍髮網及金絲草帽，三年來得辦理賺得工資三百多萬元，此項收入對大陳移民生活頗有助益。惟因髮網國際市場價格低落已不再編織，建

92　行政院國際經濟合作發展委員會，《大陳義胞安置計畫總卷（1958-1962）》，館藏號：36-18-004-040。

設廳已提出計畫輔導該批眷屬改編海地草 、刺繡，申請美援大陳計畫餘額 56 萬當作輔導費用。[93]

（六）衛生計畫

在 17 個移民最多的大陳新村內，各設置衛生室一所。派駐醫護人員至各衛生室辦理保健、簡易治療。並由主管衛生所每週定期到各村辦理巡迴治療及公共衛生工作。

美援在新村蓋建與輔導就業計畫的運作，支付的會款分別是：房屋總計 29,939,365.11 元，漁業計畫 15,160,681.71 元、農業計畫 17,167,470.69 元、商業計畫 2,584,025.19 元、手工藝計畫 2,916,698.83 元、衛生計畫 137,305。[94] 其各項比重如圖 2-5。

整體來說，實際就業人口比原計畫輔導就業人口低，主要的原因不外乎，就業投資額低落，原計畫欠周詳，如：大陳漁民復業的計畫下，安置在臺東大武新村的 126 戶漁民，面臨大武漁港四年來尚未完工、無法使用的窘境。主辦單位執行計畫遭遇意外困難，如：農墾計畫灌溉工程耗費援款和政府經費共一千多萬，但是枯水期引水有疑問，又部分墾地高於灌溉水系統，報導人胡乃玉提起：「分到高樹的土地是石頭地配骯髒水。」[95] 另外，辦理手工藝計畫無專員負責輔導，委託民間協辦又遙遙無期。

---

93 行政院國際經濟合作發展委員會，《大陳義胞安置計畫總卷（1958-1962）》，館藏號：36-18-004-040。
94 行政院國際經濟合作發展委員會，《大陳義胞安置計畫總卷（1958-1962）》，館藏號：36-18-004-040。
95 報導人胡乃玉，1949 年次，出生地：下大陳，口述並錄影。採訪日期：2016 年 11 月 11 日。報導人現居美國。

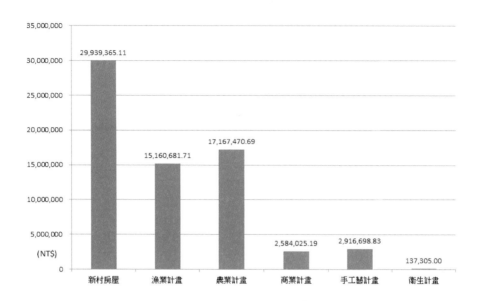

圖 2-5　美援會在安置計畫費用比例圖。
資料來源：行政院國際經濟合作發展委員會，《大陳義胞安置計畫總卷（1958-1962）》，館藏號：36-18-004-040，製圖者：周秀慧。

　　大陳人的撤運接待來臺後，政府按照原有地緣關係分配在臺灣的五縣（花蓮、臺東、宜蘭、屏東、高雄）的接待所，做三個月短期安頓。1955 年 4 月 1 日，政府將「大陳地區反共義胞來臺輔導委員會」正式更名為「大陳地區來臺義胞就業輔導委員會」，由臺灣省主席嚴家淦兼任主任委員、浙江同鄉會理事長祝紹周為副主任委員，並在五縣（花蓮、臺東、宜蘭、屏東、高雄）成立分會，積極向美援會爭取新臺幣 4,000 萬就業費、3,000 萬的營建費用，居住與就業便是此階段輔導的重點。而且在修建永久住宅時，以發動大陳子弟自行修建為原則，只要年富力強參加工作的人，每日酌給生活費，並從宜蘭、花蓮選出 16 名，臺東、屏東、高雄選出 24 名大陳子弟擔任領班，給予技術訓練後再分發各地；另外房屋的樣式，採水泥土磚牆、水泥地、

瓦頂，大致參照香港人士在臺北中和與宜蘭羅東天主教福利會的建築。[96]

　　然而新村房屋並非沒有問題，當初新村地點的座落，政府擁有主導權，地點的選擇是攸關新村未來的發展，適合的地點可保新村永續，反之，則阻礙新村發展、甚至有滅村的可能性，如：桃園縣更生新村因為葛樂禮颱風，居民遷至臺北、新竹南寮的信義新村也是因為水災問題導致遷村，[97]而輔導就業的計畫幾乎是全盤失敗。

　　當年大陳撤退的船隊抵達基隆外海時，碼頭的擴音器則以台州話接待：「親愛的大陳義胞，你們辛苦了，你們的勇敢，你們的果斷，選擇自由來到臺灣……。」[98]國家在「義胞」的反共論述與輔導的制度下建構了「大陳義胞」的身分類屬，給予「義胞」尊嚴與資源，幫助「義胞」獲得現實的生存。

　　然而，綜觀上述對「義胞」的安置與輔導就業情形，並沒有讓這群「毀家抒難、投奔自由」進而獲得國家尊稱「義胞」的人士得到「安居與樂業」，反而是衍生了「義胞」社會適應性與再遷徙的問題。

96　行政院國際經濟合作發展委員會，《大陳義胞安置計畫總卷（1955-1958）》，中央研究院近代史研究所檔案館，館檔號：36-18-004-039。

97　何政哲，〈大陳過台灣—1950年代新移民的個案研究〉，頁105、107。

98　臺北縣浙江省溫嶺同鄉會編印，《大陳遷臺五十週年紀念特刊》，頁15。

第三章　旗津大陳人的聚落與信仰

　　馬斯洛觀察人類動機推移的脈絡，提出了需求層次理論，即生理、安全、愛與歸屬感、尊榮感與自我實現需求。當生理需求相對地獲得充分的滿足，安全需求就會做為人的支配動機。用某一宗教或世界觀把宇宙萬物歸結為一個和諧且有意義的整體之傾向，多少也是出自對於安全的需求。[1] 隨著大陳人生活逐漸改善，村民集資設置廟宇，透過宗教信仰，族群存在的意義形成傳統，為每個族群的成員提供了強大的黏合作用，借用威廉・詹姆斯（William James）的名言，「宗教為無意義的事情提供意義，藉此介入個人的命運，進而讓我們安於此生絕對的現實」，[2] 這使得實踐新村的大陳人能夠配合現實的情境，按照自己的需求，大陳人的故事就是從蔣中正開始的。

第一節　聚落之形塑與變遷

一、從日治至戰後旗津「沙仔地」的概況

　　1909 年（明治 42 年）旗津地區隸屬臺南廳打狗支廳打狗區大竹里打狗街，包含旗後街、中洲庄。1924 年（大正 13 年）日本推市街地名日化政策，旗津區設有旗津、平和、綠等三町。此處所稱的「平和町」是「沙仔地」的位置，在旗後街的南半部，包含至第八船渠，涵蓋慈愛里、安樂里、復興里、實踐里、北汕里。[3]

1　葉家欣，〈馬斯洛的人本思想及其在公共行政之探究意涵〉（臺北：國立臺北大學公共行政暨政策學系碩士論文，2004），頁 158。

2　哈羅德・伊薩克著（Harold R. Issacs），鄧伯宸譯，《族群：集體認同與政治變遷》（臺北縣：立緒，2004），頁 216。

3　曾玉昆著，《高雄市地名探源》，頁 47。

　　旗津島上實踐里又名「沙仔地」，臨港一面，日治前幾乎全為沙灘，潮水可淹至今天的中洲三路路邊。[4]

　　從日治二萬分之一「臺灣堡圖」（明治版）檢索，實踐里的區塊多沙地與墳墓，[5] 原是一片沙質墓地。日治之前，雜草叢生，人煙稀少。日治之後，日人強迫遷墓，改為建地，但民眾以其地基不穩為由，不願遷入墓區。經日人清港才頓固基地，並在外圍構築海岸，從 1937 年高雄市街計劃圖，[6] 在今海軍軍區現址興建一所沉箱工場（ケーソン工場），附近則闢建為日人宿舍，今海科大校區則建有神社、撞球部、運動場、俱樂部、餐廳及摔角擂臺等，專供日人享樂。當地區民所稱的「野球場」就是今日海科大校園，而「神社」、「黑厝」即指今海科大校區靠近「海軍第四造船廠」一帶。[7]

　　日治時期打狗的造船業因糖業發展而躍起，並引進新式的造船技術，吸引大財團到打狗投資興建造船廠。日治在打狗最重要的造船廠首推 1900 年（明治 33 年）的荻原造船鐵工所，當時工廠設在旗津平和町，成為當時打狗造船和機械修理最重要的工廠，荻原還曾擔任過平和町區長，為日治打狗重要的領導人物。在打狗的旗津因為淺水的天然地形適合造船廠業者設廠。日治時期，殖民政府在打狗港的疏通航道與沿岸護壁的建設，民間對造船所的投資不遺於力。旗津地區的

4　〈高雄市旗津區實踐里〉，資料檢索日期：2017 年 4 月 2 日。網址：https://ecolife2.epa.gov.tw/blog/6401000007。

5　〈中研院臺灣百年歷史地圖〉，資料檢索日期：2017 年 4 月 2 日。網址：http://gis.rchss.sinica.edu.tw/index.php?option=com_content&view=article&id=862%3A2013-06-18-06-44-51&catid=59%3A2008-05-27-01-54-05&Itemid=70&lang=zh。

6　〈中研院臺灣百年歷史地圖〉，資料檢索日期：2017 年 4 月 5 日。網址：http://gissrv4.sinica.edu.tw/gis/twhgis/。

7　蔡佳菁著，《戰爭與遷徙：蔡姓聚落與旗津近代發展》，頁 60。

造船工業，在日治時代經過長時間發展後，已建立相當之基礎。日治時期高雄有 16 家重要的造船廠，其中有 8 家設立在旗津，旗後町 3 家、平和町 5 家。[8]

　　第二次世界大戰，旗津許多造船廠被盟軍轟炸，造成損害。戰後，許多臺灣籍的造船師傅回到旗津，繼續從事造船工作，甚至還集資開設造船所，因此在戰後，旗津的造船業呈現欣欣向榮的景象。[9]

　　1953 年政府在美援的支援下，積極投入建設、致力經濟復興，主導臺灣經濟建設四年計畫，增加生產、發展工業、改善整體經濟環境為目標。因此從 1953 年至 1969 年開始分期擬定造船計畫，獎勵國輪措施與船噸擴充情形並公佈獎勵投資條例；[10] 第五期經建計畫 1969 至 1972 年，目標為自勞務密集的工業轉型為技術密集工業，如：造船。[11] 政府鼓勵建造漁船以促進漁業增產，此後政府更有計畫地鼓勵建造近海及沿岸漁船，因此，以修建漁船為主的中小型造船廠陸續成立。[12]

二、大陳實踐新村

　　大陳人坐落的旗津實踐里又稱為「沙仔地」，原是一片沙質墓地。日治時期，民眾以其地基不穩為由，不願遷入墓區。當初政府選

8　王御風著，〈日治時期高雄造船工業發展初探〉，《高雄文獻》，2（1）（2012），頁 64。

9　黃棋鉦，〈高雄市旗津地區的聚落發展與產業變遷〉（高雄：國立高雄師範大學地理學系研究所碩士論文，2007），頁 89。

10　陳昊旻著，〈從消失中的美國船旗看我國國輪未來之發展〉，《中華民國海運月刊》，180（2000），頁 8。

11　臺灣省政府新聞處編著，《臺灣光復五十年專輯：經濟發展的回顧與展望．經濟建設篇）》（臺中：臺灣省政府新聞處，1995），頁 238。

12　白允宜等編輯，《臺灣工業發展 50 年》（臺北：經濟部工業局，2000），頁 371。

擇大陳新村的地點多是土地價值不高的國有地，地屬邊陲的旗津實踐新村就是一例。報導人江湯圓談起愛妻病逝臺大醫院，當年旗津交通不方便，太太的棺木是搭乘噗噗船運回來，江湯圓談起這段往事：

> 30 多年前我太太過世，當時我、兒子、女婿三個人和棺木裝著我太太是用噗噗船運過來。[13]

而且在 2012 年高雄市易致災環境調查與評估成果報告書還指出：「實踐里因為靠海，莫拉克風災時雨量過大且排水不良，導致抽水不及發生淹水災害，歷史最大淹水深度達一米。」[14] 當初政府選擇大陳新村的地點多是土地價值不高、不易對外聯繫的國有地。

全臺計有 35 個大陳新村，政府對於居民的安置除了按職業別以外，也盡量將同村子的人分配在一起。1955 年美援會贈予旗津大陳人的房子位在實踐里北汕尾巷，名為實踐新村。「實踐村」原是來自於下大陳鳳尾鄉的村名，旗津大陳新村裡的移民多來自下大陳克難鄉（後來易名實踐村），[15] 所以旗津的大陳新村稱之為「實踐新村」。實踐新村分成「大房子」與「小房子」兩區。「大房子」有六棟（案：一棟 6 戶）碼頭工人住屋、兩棟船舶合作社員住屋，「小房子」有十棟（案：一棟 6 戶）碼頭工人住屋，兩區合計十八棟（但是一般都稱為十六棟，只針對碼頭工人新村，忽略還有兩棟船舶合作社員住屋），一家五口以上住「大房子」，四口以下住「小房子」。

13　報導人江湯圓，1932 年次，出生地：下大陳，口述與錄影。採訪日期：2016 年 11 月 26 日。

14　2012 年高雄市易致災環境調查與評估成果報告書，資料檢索日期：2016 年 12 月 5 日。網址：http://61.56.4.176:9000/NCDRFile/CitySubject/CityOth erInfo/64/%E7%AC%AC%E4%B8%89%E7%AB%A0%20%E6%98%93%E8 %87%B4%E7%81%BD%E7%92%B0%E5%A2%83%E6%8C%87%E6%A8% 99%E8%AA%BF%E6%9F%A5.pdf。

15　蔡佳菁著，《戰爭與邊徙：蔡姓聚落與旗津近代發展》，頁 146。

　　報導人江湯圓當年跟養母一起來，所以是分配到「小房子」，江湯圓形容當初分配房子都是按照抽籤，他說：

> 我們房子蓋好後要抽籤，一棟有 6 戶人家，當初都是自己村
> 的人，想盡量找合得來一起做工的住一棟，所以先找好一棟

> 的人，但最後要住哪一棟或哪一家完全是照抽籤，公平起見。

> 我們在高雄港碼頭有扛水泥，如果遇有包裝破損的水泥，我們就運回旗津鋪在居住的房子周圍，因為美援蓋的房子周遭都是沙仔地，而且當時房子外面都沒有水溝，我們洗澡水、洗碗水倒在屋外，走路都是泥濘。所以我們鋪路面時也做水溝，後來政府做水溝的工程就是依照當初我們製作的樣子再加上鐵蓋的。[16]

圖 3-1　高雄碼頭工人新村驗收工程名
　　　　稱及日期一覽表。

資料來源：行政院國際經濟合作發
展委員會，《大陳義胞住宅興建計畫
（1955-1963）》，中央研究院近代史研究
所檔案館，館藏號：36-18-004-045。

　　實踐新村於 1955 年 11 月竣工、12 月驗收完成，[17] 見圖 3-1。建築材料上漲，原定的預算不敷使用，所以實踐新村並未興建公用房

16　報導人江湯圓，1932 年次，出生地：下大陳，口述並錄影。採訪日期：
　　2016 年 11 月 26 日。

17　行政院國際經濟合作發展委員會，《大陳義胞住宅興建計畫（1955-1963）》，
　　中央研究院近代史研究所檔案館，館藏號：36-18-004-045。

屋。[18]「碼頭工人」的住宅計十六棟（案：一棟有 6 戶），提供 104 名在高雄港碼頭擔任裝卸工作的大陳人住宅，連同眷屬 395 人，當時又稱為「碼頭工人新村」。[19] 另外，大房子區還有兩棟是提供「船舶修建合作社」社員居住。

新村興建的房屋有三種型式，A 型房屋面積為 19.83 平方公尺（案：約 5.99 坪），為 5~6 人／戶；B 型房屋面積為 29.34 平方公尺（案：約 8.87 坪），為 6 人／戶；C 型房屋面積為 14.03 平方公尺（案：約 4.24 坪），為 2~4 人／戶。[20]

「大房子」「小房子」按人口多寡分配房屋大小，A 型與 B 型是屬於「大房子」；C 型是屬於「小房子」。屋子的外觀都是一窗一門（見相 3-1、相 3-2），由於居住的坪數窄小，室內無法建置衛浴設施，廚房都是蓋在屋子後面，而且當時沒有配置給水管線，因此，「大、小房子」的區域各自擁有公共廁所和井水。

相 3-1　一門一窗標準樣式。　　相 3-2　「小房子」外觀。
資料來源：陳香珠提供。　　　　資料來源：周秀慧攝。

18　行政院國際經濟合作發展委員會，《大陳義胞住宅興建計畫（1955-1963）》，中央研究院近代史研究所檔案館，館藏號：36-18-004-045。
19　〈義胞慶祝來臺週年　蔣經國昨親往慰問〉，《聯合報》，1956 年 2 月 8 日，5 版。
20　行政院國際經濟合作發展委員會，《大陳義胞住宅興建計畫（1955-1963）》，中央研究院近代史研究所檔案館，館藏號：36-18-004-045。

　　筆者經過田調得知「大房子」區有兩個公共廁所、一口井，見圖 3-2；「小房子」區有兩個公共廁所、兩口井，見圖 3-3。「大、小房子」區域除了鑿井取水之外，也常見幾戶人家會共用水協仔（tsuí-hiap-á），有的現在還繼續或已改為泵浦使用。

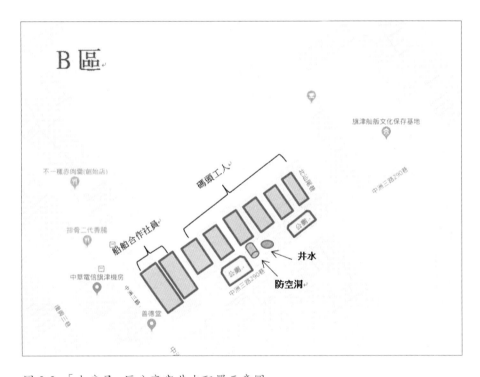

圖 3-2　「大房子」區公廁與井水配置示意圖。
資料來源：底圖採用《臺灣百年歷史地圖》之 Google 街景涵蓋圖，周秀慧繪製示意圖。

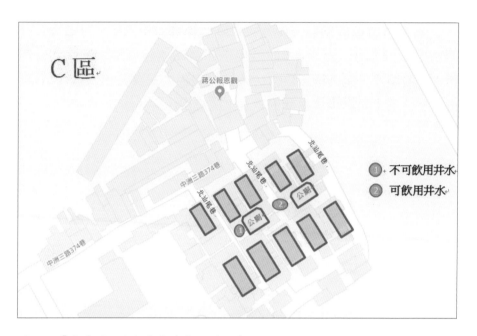

圖 3-3 「小房子」區公廁與井水配置示意圖。
資料來源：底圖採用《臺灣百年歷史地圖》之 Google 街景涵蓋圖，周秀慧繪製示意圖。

據村民描述，當時中洲三路290巷上還沒有蓋房子，所以在井水旁都是大陳婦女洗衣服話家常的地方。值得一提的是，「大房子」區的井水現在雖沒有使用，遺址還保留著，位置在中洲三路290巷13號後面，井口上端已用水泥封存；防空洞則位目前中洲三路290巷11號後面，過去曾有民眾會往洞內投遞垃圾或死貓死狗，所以防空洞口也已經封住，見相3-3。

相 3-3 「大房子」區防空洞與井水。
資料來源：周秀慧攝。

「小房子」區有兩口井水，現在井已填滿看不見了。筆者將當時的兩口井分為井1、井2，據村民耆老表示，由於井1位置鄰近廁所，當時排水系統簡陋，井1水源有汙染，時常夾雜著黃澄澄的泥水，故此井1只供應民生洗滌等、不能飲用。村民認為井2的水才可以飲用。

分發到碼頭工人新村之報導人江湯圓談起被分發旗津的情況，他說：

> 當時我們在東港接待所住了四個月，輔導會派人調查，並詢問我在大陳島從事什麼樣的工作？因為我在原鄉是碼頭工人，所以便分發我到旗津居住。[21]

分發到船舶修建合作社的家眷應○春提到被分發旗津的情況，他說：

> 我十歲跟著爸爸媽媽來到臺灣，爸爸在大陳是造船的，他有木工的手藝，所以我們被分配到旗津這邊的船舶合作社，但是船舶合作社沒有成功，最後我爸爸就在旗津附近的私人造船廠從事木工修建船隻。[22]

另一位也是被分發到船舶修建合作社的家眷，報導人應○蓮提到家人被分發旗津的情況，她說：

> 爸爸有修補船隻的技能，來到旗津後，船舶合作社沒有成功，所以爸爸到私人的造船廠工作，幫忙漁船修補破洞，因為爸爸修補的技術很細緻，就像縫補衣服一樣，有時雖被老闆嘮叨動作慢，但是因為技術很好，還做到七十五歲退休。[23]

---

21 報導人江湯圓，1932年次，出生地：下大陳，口述並錄影。採訪日期：2016年5月9日。

22 報導人應○春，1945年次，出生地：大陳，口述並錄影。採訪日期：2017年7月27日。

23 報導人應○蓮，1960年次，出生地：臺灣，口述並錄影。採訪日期：2017年7月27日。

　　1955 年 11 月 15 日旗津實踐新村正式完成，[24] 並於翌年 2 月 8 日撤臺滿週年之際，假高港六號禮堂舉行落成典禮，由大陳子弟張永富主持，會中除熱烈慶祝新村之落成外，並宣讀省主席嚴家淦所頒訓詞，禮成後，復由民選的高雄市長謝掙強女兒在旗津大陳新村剪綵，謝市長夫人則攜帶大批日用品挨戶贈送大陳移民。當日下午由國防會議副秘書長蔣經國陪同蔣夫人抵達該村時，居住在新村的大陳移民極為興奮感動，立即聚集在路旁熱烈歡迎。[25]

　　對世居海島，有百分之八十的人口從事捕魚行業的大陳人來說，多數人也具有修建船舶的技能。原本就業輔導委員會在 1955 年 12 月涵洽港務局，租借使用第七船渠東岸土地為建設小型造船廠的基地，隨後在 1956 年 12 月簽訂租約，1958 年 5 月 28 日發給港字第一六七號港工作業許可證，計畫由大陳人主導，在旗津設立第二船舶修建勞動合作社，所有設備、濬港經費係由美援或政府補助，或少部分由大陳人自行籌借，積極運作進行。然而，該社在 1958 年建廠施工途中，遭「海軍第四造船廠」百般阻撓，最終被迫停工，損失之慘，不可言狀。如：枕木與濬港費用超過 35 萬元，最後枕木腐朽無存、濬港淤積如前。[26]

　　1958 年大陳移民在第七船渠旗津區烏松段 12 之 2 號內的土地，面積 17,030 平方公尺開挖建廠時，該地已有「海軍第四造船廠」的技工高敦田之魚池三處、水下養殖一處，高氏聲稱已獲得「海四廠」同意，為維持一家生計，建立魚池養家糊口。船舶勞動合作社委請高雄市政府港務局市漁會暨地方仕紳、旗津區調解會調解無效，最後訴諸

24　〈義胞慶祝來臺週年　蔣經國昨親往慰問〉,《聯合報》,1956 年 2 月 8 日,5 版。
25　〈蔣夫人昨訪問　在高大陳義胞〉,《聯合報》,1956 年 2 月 9 日,1 版。
26　行政院國際經濟合作發展委員會,《大陳義胞安置計畫總卷（1958-1962）》,
　　中央研究院近代史研究所檔案館,館藏號：36-18-004-040。

法院，高分院與最高法院判高氏敗訴，須交還佔用土地 130 坪，詎料高氏在「海軍第四造船廠」翼護下，不交還土地，反而僱工擴大。另一個阻止該社建廠的原因，即是「大陳第二船舶修建勞動合作社」對「海軍第四造船廠」浮塢的安全和妨礙擴建有影響。然而該社隔鄰的民營「新三吉（現改為中一）造船廠」的基地與該社基地同一「地段」、「方向」、「地號」，迭次擴建並在 1961 年 3 月 1 日起擴建四線軌道，但「海軍第四造船廠」卻不加阻止，諒不影響。[27]「海軍第四造船廠」對「大陳第二船舶修建勞動合作社」的阻撓真不知其用意何在？

　　筆者以圖 3-4 說明，讀者可以更清楚得知「海軍第四造船廠」對於「大陳第二船舶修建勞動合作社」的阻撓情形。國府海軍擁有五艘

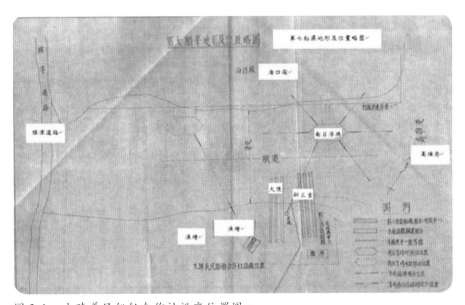

圖 3-4　大陳義民船舶合作社設廠位置圖。
資料來源：行政院國際經濟合作發展委員會，《大陳義胞安置計畫總卷（1958-1962）》，中央研究院近代史研究所檔案館，館藏號：36-18-004-040。

27　行政院國際經濟合作發展委員會，《大陳義胞安置計畫總卷（1958-1962）》，中央研究院近代史研究所檔案館，館藏號：36-18-004-040。

浮動船塢編屬各造船廠做為艦艇進塢上架維修之用，分別為「AFDL-1 海壇」、「AFDL-2 金門」、「AFDL-3 南日」、「ARD-5 浮塢五」與「ARD-6 浮塢六」，其中「海壇」與「南日」在二戰後即自美軍接收。[28]

　　圖中「南日浮塢」是美國第七艦隊在 1947 年贈送給中國海軍，並在 1949 年 1 月拖至高雄港碼頭外邊，隸屬於海軍左營造船所，1950 年改隸屬「海軍第一工廠」、隨後擴編更名為「海軍第四造船廠」。從圖中清楚看到「南日浮塢」的對面是營運中的「新三吉造船廠」，且正打算擴建。然而位於「新三吉造船廠」左邊則是「大陳第二船舶修建勞動合作社」的地點，「海軍第四造船廠」卻對大陳的造船廠設廠持阻撓與反對的意見，認為大陳的造船廠對「南日浮塢」有安全顧慮，因此不宜設廠。

　　大陳移民輔導的工作隨後在 1956 年臺灣省政府社會處接管，[29] 省主席周至柔先生多次與國防部、海軍總司令部交涉，高雄大陳第二船舶修建勞動社建廠的計畫終究失敗，數年來所有籌設經費消失殆盡，20 戶大陳子弟無法充分就業，生活失去保障，甚至還有社員為生活所逼，將美援建廠設備器材、鐵軌朋分變賣，得款挪用，所幸後來追回款項，被告念及大陳撤退子弟，犯情輕微、酌情適度罰金，各處罰金 20 元或易服勞役一日 6 元折算，以示薄懲。高雄市「大陳第二船舶修建勞動合作社」無法開業，而殘存的美援器材與凍結餘款在 1968 年經變更計畫、改建漁船轉業，社員除兩位棄權外，其餘 18 人接受改業漁撈謀生。[30]

28　〈勤務艦艇室〉，《中國軍艦博物館群》，資料檢索日期：2017 年 6 月 9 日。網址：http://60-250-180-26.hinet-ip.hinet.net/taiwan/4525.html。

29　〈大陳義胞就業輔導委員會結束　未完業務移交省府〉，《中央日報》，1956 年 9 月 30 日，3 版。

30　行政院國際經濟合作發展委員會，《大陳新村發展計畫（1961-1973）》，中央研究院近代史研究所檔案館，館藏號：36-18-004-048。

　　大陳移民受政府與美援協助獲得棲身處，對於輔導就業來說，農、漁、商業皆有安置，唯手工業方面，建設廳始終未給予就業機會。奈家徒壁立、三餐不繼、艱苦唯命、山窮水盡，無力謀生者所至賣子離妻之境，為求自救，期能確實達到全面就業。[31] 但即便從事農業，收入也比臺灣人民低。根據農墾處資料，1958 年 6 月至 12 月，每戶每月平均收入約新臺幣 400 元。臺糖各農場的僱農，農墾處的資料，每戶每月平均收入約 220 元。[32] 高雄市大社區和平新村位在山區，地理位置偏僻，臺糖僱用的工資每天 10 元，還只有工作半個月，所以男性往都市尋找勞力工作，女性則幫傭。[33] 應彩英說：「我八歲來到臺灣，原先我們是分配屏東里港，我爸種甘蔗，但是賺不到錢，一天才 8 塊錢，就搬來旗津了。」[34]

　　鑑此種種亂象，最主要的原因是語言、生活習慣與臺灣迥異，即便與 1949 年隨著蔣中正播遷來臺的國軍，同是「外省人」，也有先來後到「輩分」的差異性。蔣中正知悉大陳移民生活疾苦，1964 年命令中央黨部第二次加強輔導大陳人轉業良策。如：農民轉業碼頭工、近海漁民轉業遠洋漁船、輔導青年轉業海員。大陳居民有 85% 集中在永和的五和新村、基隆的祥豐街與和平島、旗津實踐新村，[35] 經過筆者田調得知，隨著政府在 1960 年代對全臺大陳移民的第二次就業輔導，旗津因此湧入大量的居住人口，土地房屋的問題浮上檯面。

31　藝林手工業廠股份有限公司陳情書，民國 52 年 8 月 24 日，行政院國際經濟合作發展委員會，《大陳新村發展計畫（1961-1973）》，中央研究院近代史研究所檔案館，館藏號：36-18-004-048。

32　大陳義胞安置計畫（FY 五五 -FY 五九）檢討報告，美援會第四處，1959 年 4 月 30 日。

33　梁愛梅，〈高屏地區大陳人的聚落生活與民俗信仰〉，頁 26。

34　報導人應彩英，1948 年次，出生地：下大陳，口述並錄影。採訪日期：2016 年 7 月 25 日。

35　陳仁和編著，《大陳島—英雄之島》，頁 265。

　　筆者訪談旗津第二次就業輔導移入的家戶群成員，報導人葉瑞元談到家族在上大陳經營漁撈、漁產加工，來到臺灣後，認為靠海、討海生活很辛苦，所以大家討論就說要轉行，改成農業、務農。後來分配到阿蓮務農，但土地貧瘠，實在無法生活，只好選擇搬到旗津居住。葉瑞元說：

> 1960 年代，大崗山上的雷達站是由我父親指揮村子裡的人，一包包水泥揹到山頂上去做雷達站，那時，還沒有路啊！我父親認為這些工作也沒有拿到什麼錢，還把我養的一百多隻羊賣掉來發工錢，他感覺被欺壓、欺騙，所以就離開阿蓮到旗津。

> 渡船（舢舨）對我們大陳人來說是駕輕就熟的，以前我家在大陳就有好幾條舢舨船，父親是 1968 年搬過來旗津，買一條舢舨，自己經營。客源就是商船船員到碼頭的接駁，因為不是每條船來都會靠碼頭。我父親是靠勞力養家。那時就做舢舨生意，載運客人。[36]

　　報導人曾○花提到自己是軍眷的身分，後來跟著先生搬來旗津，她說：

> 當初是分配到嶺口，是軍眷居住。後來我們自己搬來旗津住。我先生也在這裡當兵，是少校退伍。[37]

　　報導人王○富是屏東高樹的墾農戶，談到搬來旗津的情形，他說：

36　報導人葉瑞元，1956 年次，出生地：臺灣，口述並錄影。採訪日期：2016 年 9 月 10 日。

37　報導人曾○花，1928 年次，出生地：下大陳，口述並錄影。採訪日期：2016 年 5 月 22 日。

分配到屏東高樹種地，土地都是沙子，作物種不起來，生活好
苦。住了五、六年，後來土地賣人了。接著搬來旗津，一開始
跟人家租房子，我在碼頭工作，負責開車。搬來這裡，八個人
吃飯，我一個人賺錢，我父親、我們夫妻、五個孩子。[38]

報導人沈○壽談到漁夫父親，捕不到魚，全家愁雲慘澹，只好從
屏東五房搬來旗津，他說：

最早是在屏東五房，父親捕魚，但是臺灣跟大陳島捕撈方式
不同，沒辦法生活，住了一、兩年，就搬來旗津。我對大陳
不認識、沒印象，五歲就來臺灣。聽我父親說，待在屏東連
吃飯都有問題，才搬來旗津，從事碼頭工作，生活慢慢改善
的。[39]

報導人葉○五是里港臺糖僱農，收入微薄，只好選擇再次遷移，
他說：

在大陳的時候是農民，所以政府給我們房子分配到里港，在臺
糖公司工作。沒有好多錢，一天大概是 6~8 塊錢，我是種甘
蔗。後來沒工作，我們就到這裡（旗津）找工作。我到臺灣，
什麼工作都做過，碼頭、挑磚、網船抓魚、跑商船……，抓魚
抓了十幾年，跑商船是東南亞路線，掛巴拿馬旗。我住的這裡
都是港務局的地，廟也是，不是政府分配的。[40]

38　報導人王○富，1933 年次，出生地：下大陳，口述並錄影。採訪日期：
　　2016 年 5 月 22 日。
39　報導人沈○壽，1950 年次，出生地：下大陳，口述並錄影。採訪日期：
　　2016 年 5 月 27 日。
40　報導人葉○五，1939 年次，出生地：下大陳，口述並錄影。採訪日期：
　　2016 年 7 月 10 日。

報導人張○壽回憶起在屏東無生意可做,最後才搬來旗津,他說:

> 一個哥哥分到高樹,墾農的;一個哥哥分到這裡,做碼頭工
> 人。我跟我媽媽住在一起,分一個房子,在屏東溝美里,我
> 來臺灣時,是報漁、農、工、商的商,做生意,所以分到屏
> 東溝美里,想說賣點小東西。結婚沒有好久,有小孩了,想
> 說都沒有什麼工作,就去跑漁船。幹了兩、三年,但是也是
> 沒有好多錢,一個月大概 2,000 塊,真的好苦唷![41]

報導人陸○順談到家人搬來旗津的情景,他說:

> 父親是漁民,所以分到五房村。但是到了 1964 年,我們搬
> 到旗津當碼頭工,如果跟大陳島比起來,這裡生活、收入方
> 面,算是不錯的。[42]

報導人周張○蘭談到高樹的土地無法供應家人生活,只好搬來旗
津的情景,她說:

> 我先生也是大陳人,我十九歲結婚,跟我先生在高樹,但在
> 高樹沒有工作,後來才搬來旗津。所以高樹的地,公公賣掉
> 了六分,現在還有三分地租給人家,一年幾千塊。[43]

另外,也有在海軍造船廠任職搬至旗津「小房子」聚落區。報導
人劉○波從海南島戰役結束撤退到臺灣,輾轉來到旗津海軍造船廠工

---

41 報導人張○壽,1929 年次,出生地:下大陳,口述並錄影。採訪日期:
2016 年 5 月 22 日。

42 報導人陸○順,1946 年次,出生地:下大陳,口述並錄影。採訪日期:
2016 年 6 月 10 日。

43 報導人周張○蘭,1950 年次,出生地:下大陳,口述並錄影。採訪日期:
2016 年 6 月 2 日。

作，配偶是從大陳島遷徙來臺，安置屏東五房村，因為人家介紹才嫁到旗津。劉〇波說：

> 我在旗津住了六十多年了，1952 年 4 月份到海軍造船廠，1992 年退休。這裡地是公家的，房子是結婚後自己蓋的。[44]

沿著實踐新村北汕尾巷進行田野調查，筆者發現美援贈與的「大房子」、「小房子」普遍增建，門牌號碼正號後之附加號的情況特別多，另外中洲三路 290 巷、374 巷、374 巷 63 弄的房子與局部北汕尾巷的房子、或受到「海軍第四廠造船廠」擴建的因素遷移，與海軍更換「土地」，[45] 隨後多集體搬移至復興三巷定居，這些大多是大陳村民「自行獨立」搭建的房子就地合法。當初搭造房子的建材，多是大陳子弟從碼頭帶回的墊材，就地搭建的木造房子，爾後多改建成鋼筋水泥屋，住戶只擁有建物所有權而無土地所有權。報導人林春生提到，他說：

> 早期燒飯使用爐灶，碼頭工人會帶回貨櫃卸貨的墊材，廢物利用；那時沒有環保的概念，有時墊材數量太多，我們還用大網子裝盛，開船到外海扔棄。久而久之，墊材數量一多，就興起屋外蓋倉庫，貯藏墊材；最後甚至用墊材搭起木造房子居住。鄰居一個一個這樣做，土地大小自己圍，聚落就愈來愈大了。[46]

44　報導人劉〇波，1925 年次，出生地：大陸，口述並錄影。採訪日期：2016 年 6 月 10 日。

45　案：中洲三路 374 巷旁土地，海四廠圍牆那部分，原多是大陳人居住。

46　報導人林春生，蔣公感恩堂總幹事，1952 年次，出生地：下大陳，口述並錄影。採訪日期：2016 年 11 月 26 日。

　　圖3-5至圖3-9是筆者研究旗津實踐新村的區域。圖3-5在此分為A區、B區、C區、D區。B區是美援蓋建的「大房子」，與A區「蔣公感恩堂」，集體稱為「大房子」區。C區是美援蓋建的「小房子」，與D區「蔣公報恩觀」，集體稱為「小房子」區。

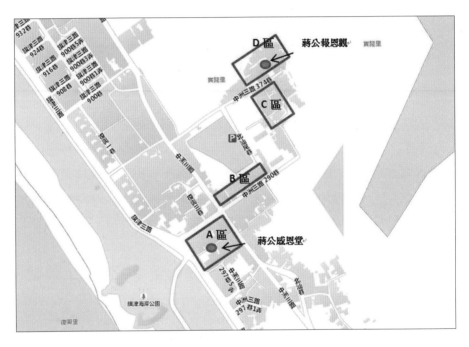

圖3-5　旗津實踐新村位置概覽圖。
資料來源：底圖採用 GIS《臺灣百年歷史地圖》之臺灣通用電子地圖，周秀慧繪製示意圖。

　　圖3-6是A區，以「蔣公感恩堂」為中心大致的分布狀況，黃色區塊為外縣市遷入旗津的大陳受訪者，復興三巷屋子多自行蓋建，因地緣關係，屬「大房子」區域延伸。住戶多數來自中洲三路374巷「海軍第四造船廠」圍牆附近的住戶，因為「海四廠」要擴建，所以搬遷至復興三巷居住。

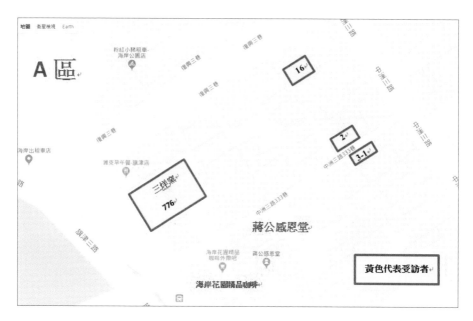

圖 3-6　「大房子」區域延伸之大陳受訪者屋厝座落圖（A 區）。
資料來源：底圖採用《臺灣百年歷史地圖》之 Google 街景涵蓋圖，周秀慧繪製示意圖。

　　圖 3-7 是 B 區，美援蓋建的房子在北汕尾巷上，俗稱「大房子」。而位在中洲三路 290 巷上的房子，有些是「大房子」成員分家搬遷至此，有些是 1960 年代政府第二次輔導就業計畫遷徙至旗津的人口。美援當初蓋建的六棟 36 戶屬於碼頭工人居住、兩棟（其中一棟已劃定在中洲三路上）屬於船舶修建合作社社員居住，[47] 筆者透過地籍圖資網路便民服務系統查詢出，有門牌登記 50 戶，[48] 但實際上，因為建物無強制保存登記，戶數不止於 50 戶。

47　經筆者田調後得知兩棟船舶修建合作社員居住的房子，其中一棟北汕尾巷的住址現已變更在中洲三路上。
48　地籍圖資網路便民服務系統，資料檢索日期：2018 年 5 月 19 日。網址：http://easymap.land.moi.gov.tw/R02/Index#。

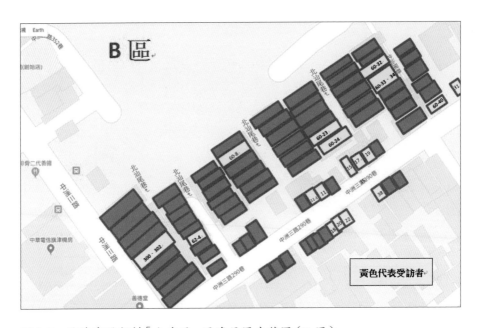

圖 3-7　旗津實踐新村「大房子」區域屋層座落圖（B 區）。

圖片說明：B 區主要是「大房子」區，黃色區塊為實踐新村或他處遷入之受訪者；
在中洲三路 290 巷之屋子多自行蓋建，因地緣關係，屬「大房子」區域延伸。

資料來源：底圖採用《臺灣百年歷史地圖》之 Google 街景涵蓋圖，周秀慧繪製
示意圖。

　　圖 3-8 是 C 區，美援蓋建的房子在北汕尾巷上，俗稱「小房子」。
而位在中洲三路 374 巷上的房子，有些是「小房子」成員分家搬遷至
此，有些是 1960 年代政府第二次輔導就業計畫遷徙至旗津的人口。
美援當初蓋建的十棟 60 戶，目前依舊維持十棟樣貌，筆者透過地籍
圖資網路便民服務系統查詢出，有門牌登記者為 61 戶，[49] 但實際上，
因為建物無強制保存登記，門牌號碼正號後附加號的情況特別多，戶
數不止於 61 戶。

49　地籍圖資網路便民服務系統，資料檢索日期：2018 年 5 月 19 日。網址：
　　http://easymap.land.moi.gov.tw/R02/Index#。

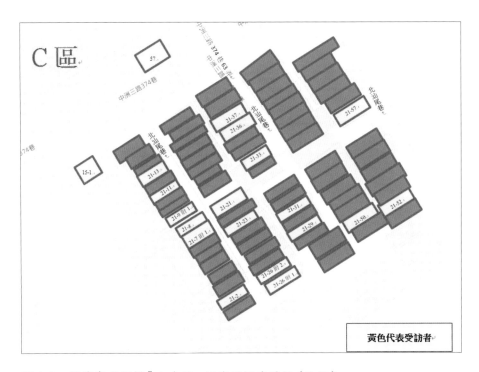

圖3-8　旗津實踐新村「小房子」區域屋厝座落圖（C區）。
圖片說明：C區主要是「小房子」，黃色區塊為實踐新村或他處遷入之受訪者；在中洲三路374巷之屋子多是自行蓋建，因地緣關係，屬「小房子」區域延伸。
資料來源：底圖採用《臺灣百年歷史地圖》之Google街景涵蓋圖，周秀慧繪製示意圖。

　　圖3-9為D區以「蔣公報恩觀」為中心大致的分布狀況，黃色區塊為受訪者，中洲三路374巷63弄屋子多自行蓋建或租賃，因地緣關係，屬「小房子」區域延伸。住戶多數是1960年代政府第二次輔導就業計畫遷徙至旗津的人口。

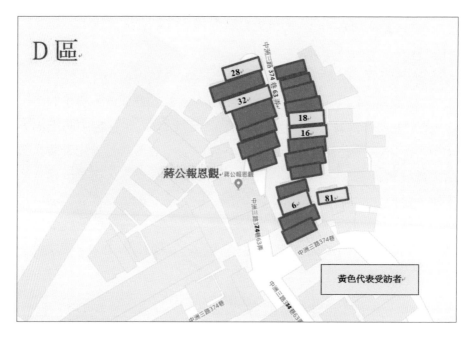

圖3-9 「小房子」區域延伸之受訪者屋厝座落圖（D區）。
圖片說明：D區黃色區塊為實踐新村或他處遷入之受訪者，在中洲三路374巷
63弄之屋子多自行蓋建或租賃，因地緣關係，屬「小房子」區域延伸。
資料來源：底圖採用《臺灣百年歷史地圖》之Google街景涵蓋圖，周秀慧繪製
示意圖。

　　筆者在「大房子」、「小房子」中穿梭，看著改建後的建築屋體，
不論是二樓或三樓的洋房，抑或依舊是一樓高的瓦造屋，大陳人自我
約束、自成一律，安身立命，只是想守住一個家。縱使當初建蓋的土
地是自圈，也不會看到有任何突兀的車庫庭院樓房出現。

　　在「大房子」、「小房子」各自有「蔣公」命名的廟宇，村廟是地方
公眾事務的中心，對人類社會的存在有重要的功能意義，同時給予人
們在憂慮挫折中得到慰藉與寄託。那麼，實踐新村大陳人與兩所廟宇
的依存度是如何呢？

第二節　小房子與「蔣公報恩觀」

一、空間演譯

「蔣公報恩觀」屬於「小房子」聚落，文獻上記載：「創建的年代在 1975 年，總統蔣公逝世時，為感念蔣公德政，便在村中防空洞旁使用木板搭建一小祠祭祀，木板是由村中居民捐獻出，內祀奉蔣公遺照。後因防空洞內駐守之高砲排撤離，便將原本的木板建築改建水泥平房，後再次改建為二樓水泥建築，並在二樓加祀阮弼真君、漁師大神、三官大帝。因占地較小，村民多稱為小房，以與感恩堂做為區別。」[50] 但是筆者從田調訪談中得知「蔣公報恩觀」的由來，跟文獻上講得完全不一樣。

報導人黃寶貴 14 歲就嫁來旗津實踐新村，居住新村半世紀。她說：

> 我依稀記得那天部隊撤離，阿兵哥把物品都完全清走後，我們小房子的人，運沙子的、搬石塊的、扛磚塊、載木板的⋯⋯，還召集有舢舨船的人趕快偷偷去載更多的木板，總之，做土木的技能，在我們村子裡比比皆是，像陳啟相、林妙友、葉老三、梁加元、王玉富、王來夫、王招法、周普法。

> 我們敲敲打打，用最快的速度把原本的營房釘起來、圍起來，然後把家裡祭拜的神明擺在裡面，大家開始祭拜起來。我印象中這件事是在我生老二的年代後，大概是 1970 年左右，當初營房非常矮小，是磚造的。但是我們把營房用木板

---

50 【歷史典藏品】臺灣外省人，生命記憶與敘事，資料庫數位典藏計畫（臺北：中研院社會學研究所）。資料檢索日期：2016 年 12 月 5 日。網址：http://ndweb.iis.sinica.edu.tw/TWM/Public/content/ story/collectable.jsp?pk=546。

釘得大大間，位置就是現在一樓蔣中正雕像的地方。[51]

對於幫忙蓋廟的情形，陳香珠和王寶君都談起了這一段，她們說：

> 當初我爸爸（案：陳啟相）也有幫忙蓋廟，早期村裡沒有廟，我們會去旗后的天后宮拜。[52]

> 聽說我公公（案：梁加元）也有幫忙蓋廟。[53]

王玉富印象非常深刻，他談起廟宇蓋建時，蔣公還沒死，王玉富回憶說：

> 部隊差不多有7、8個阿兵哥，後面架高砲，什麼軍種也不知道，那時部隊撤掉沒多久，我們就蓋起廟來。我記得後來政府單位有人來趕，我們隨口說好啦好啦，也是應付罷了，實際上我們也沒有拆掉，而且祭拜的神明就是跟現在一樣的，漁師大神、阮弼和三官，漁師是家鄉帶來的，小小的，其他的都是這裡（案：在臺灣）用的。那時蔣公還沒死。[54]

1975年蔣中正過世，村民感念「蔣公」德政，內奉「大陳神明」外，再加上「蔣公崇拜」，於是乎「蔣公報恩觀」廟宇順理成形。

---

51 報導人黃寶貴，1952年次，出生地：臺灣，口述並錄影。採訪日期：2017年6月17日。

52 報導人陳香珠，1945年次，出生地：下大陳，口述並錄影。採訪日期：2017年6月17日。

53 報導人王寶君，1966年次，出生地：浙江，口述並錄影。採訪日期：2017年6月17日。

54 報導人王玉富，1933年生，出生地：下大陳，口述並錄影。採訪日期：2017年6月17日。

相 3-4　報恩觀後面，早期架設高射砲的高臺，放眼望去是
　　　　「軍事重地、嚴禁擅入」海軍管制區。
資料來源：周秀慧攝。

　　「蔣公報恩觀」的所在地在日治時期，「地下道」空間曾是防空洞
與彈藥庫；戰後，報恩觀一樓位置是軍隊駐守的營房，「地下道」的
「防空洞」成為阿兵哥睡覺的地方，聽報導人江湯圓回憶說：

> 1955 年我來到小房子時，看到
> 這裡還有架設高砲連，有四個
> 機槍擺在這裡。底下是營房和
> 防空洞。[55]

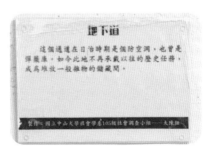

相 3-5　報恩觀地下道。
資料來源：周秀慧攝。

　　後來軍隊高砲排撤離，村民集
體圈地，利用營房打造屬於自己的
信仰中心，當時沒有廟名，祭拜的

55　報導人江湯圓，1932 年生，出生地：下大陳，口述並錄影。採訪日期：
　　2016 年 11 月 26 日。

是家鄉的傳統信仰「阮弼真君」、「漁師大神」和「三官大帝」。黃寶貴
還說：

> 後來，我還特地跟當時里長懷治遠去旗津區公所申請門牌，
> 因為我會講臺語，我老公是大陳人、我們又開著雜貨店做生
> 意，所以我自告奮勇幫忙他們（大陳人），因為他們跟臺灣人
> 無法言語溝通。事成後，我還辦三桌請區公所的人吃飯，在
> 小房子鄰長董理茂家吃的。[56]

　　一夕之間，村民成立家鄉信仰的集會場所有了身分。1975 年蔣
中正過世的事件，「蔣公報恩觀」理應自然，在 1977 年賽洛瑪風災
後，簡易的廟體建築物受損，陳香珠說：「颱風很恐怖，當時海四廠
的東西飛過來，還砸破我家的屋頂。」[57] 見圖 3-10。於是在 1978 年小
房子的村民決定將木板搭建的「蔣公報恩觀」改成水泥平房；爾後村
民集資，再度增建為二樓高水泥建築並於 1985 年重修落成，將阮弼
真君、漁師大神、三官大帝神尊改變到二樓的位置。

　　黃寶貴提到當年參與募款蓋建報恩觀的情景，她說：

> 為了蓋大廟，我和我老公還去臺北永和、五甲、草衙跟一些
> 「大陳仔」到處募款，而且很多美國的鄉親也匯款回來支持，
> 我記得當時在美國的張學壽也有匯款回來幫忙。[58]

56　報導人黃寶貴，1952 年次，出生地：臺灣，口述並錄影。採訪日期：2017
　　年 6 月 17 日。
57　報導人陳香珠，1945 年次，出生地：下大陳，口述並錄影。採訪日期：
　　2017 年 6 月 17 日。
58　報導人黃寶貴，1952 年次，出生地：臺灣，口述並錄影。採訪日期：2017
　　年 6 月 17 日。

圖 3-10　蔣公報恩觀（小房子區域延伸）與海軍第四造船廠相對位置圖。
資料來源：《臺灣百年歷史地圖》之 2000 年高雄市一千分之一都市計畫，周秀慧後製。

　　為了還原報導人們提出的軍隊撤離後，「小房子」村民立即圍堵營房以及後來村民申請「蔣公報恩觀」門牌號碼的一些行動做為佐證的基礎資料，筆者透過地籍圖謄本比例尺 1 ／ 1400 查詢到「蔣公報恩觀」的「地號 128-5」後，便申請「地號 128-5」的「土地登記第二類謄本」，隨後又至鳳山第一戶政事務所「門牌編訂」單位查詢，透過專員張秀雄先生協詢旗津戶政事務所處理門牌單位郭芯莛小姐。[59] 由於

59　張秀雄是鳳山第一戶政事務所門牌編訂承辦員。採訪日期：2017 年 6 月
　　19 日。

高雄市府便民，這些基礎查詢幾乎連線的到。筆者從地政事務所申請的「土地登記第二類謄本」得知「地號128-5」此筆土地所有權是「交通部航港局」。見圖3-11。

　　筆者從旗津戶政事務所職員郭芯莛得知「蔣公報恩觀」門牌現況，她說：

> 「蔣公報恩觀」初編的門牌住址是「高雄市旗津區北汕尾2巷49-1號」，當時有人設籍至此，然而年代久遠，無法保存，也看不到詳細的時間、人物。

> 1981年戶籍整編後，此初編住址的門牌消滅，而且也無人設籍至此。1995年政府推里鄰電腦化作業，「蔣公報恩觀」過錄找不到，因當時無人設籍，電子檔抓不到任何資料。不是現戶，非設籍在「蔣公報恩觀」的人無法查詢，不過，具體說，現在「中洲三路374巷63弄40號」也不存在，查不到。

> 2013年開始，門牌全面更換為綠色門牌，如果還是藍色門牌那是沒有認證的。[60]

　　經過確認「蔣公報恩觀」目前門牌是早期的「藍底白字」，住址是「中洲三路374巷63弄40號」，戶政單位沒有任何登記。另外報導人黃寶貴提到當時跟里長懷治遠前往旗津區公所申請門牌，筆者透過旗津區

相3-6　「蔣公報恩觀」門牌住址。
資料來源：周秀慧攝。

60　郭芯莛，電話採訪。採訪日期：2017年6月19日。旗津戶政事務所承辦員。

土地登記第二類謄本（地號全部）

旗津區旗汕段　0128-0005地號

列印時間：民國106年06月22日09時16分　　　　　　　　　　　　　頁次：1

鳳山地政事務所　主　任　　陸貴義　　　本案係依照分層負責規定授權承辦人員核發
鹽埕跨謄字第009198號　　　　　　　　　　　　　　　列印人員：李振豐
資料管轄機關：高雄市政府地政局鹽埕地政事務所　謄本核發機關：高雄市政府地政局鳳山地政事務所

＊＊＊＊＊＊＊＊＊＊　土地標示部　＊＊＊＊＊＊＊＊＊＊＊＊＊

登記日期：民國105年03月21日　　　　　　　　登記原因：逕為分割
面　　積：****5,908.00平方公尺
使用分區：（空白）　　　　　　　　　　　使用地類別：（空白）
民國106年01月　　公告土地現值：****8,400元／平方公尺
地上建物建號：（空白）
其他登記事項：分割自：１２８地號
　　　　　　　因分割增加地號：１２８－１４、１２８－１５、１２８－１６、１２８－
　　　　　　　１７地號
　　　　　　　因分割增加地號：１２８－１９地號
　　　　　　　因分割增加地號：０１２８－００２４、０１２８－００２５、０１２８－
　　　　　　　００２６地號
　　　　　　　因分割增加地號：０１２８－００３５、０１２８－００３６、０１２８－
　　　　　　　００３７、０１２８－００３８、０１２８－００３９、０１２８－００４
　　　　　　　０、０１２８－００４１、０１２８－００４２、０１２８－００４３、０
　　　　　　　１２８－００４４、０１２８－００４５、０１２８－００４６、０１２８
　　　　　　　－００４７、０１２８－００４８、０１２８－００４９、０１２８－００
　　　　　　　５０地號

＊＊＊＊＊＊＊＊＊＊　土地所有權部　＊＊＊＊＊＊＊＊＊＊＊＊＊

（0001）登記次序：0002
登記日期：民國088年08月19日　　　　　　　　登記原因：接管
原因發生日期：民國087年12月21日
　所有權人：中華民國
　統一編號：0000000158
　住　　址：（空白）
　管　理　者：交通部航港局
　統一編號：31823206
　住　　址：（空白）
權利範圍：全部　＊＊＊＊＊＊＊＊1分之1＊＊＊＊＊＊＊＊＊
權狀字號：---（空白）字第-----號
當期申報地價：105年01月＊＊＊＊2,400.0元／平方公尺
前次移轉現值或原規定地價：
059年08月　　＊＊＊＊＊＊90.7元／平方公尺
歷次取得權利範圍：全部＊＊＊＊＊＊＊＊1分之1＊＊＊＊＊＊＊＊＊
其他登記事項：申請免繕發權利書狀：公有土地權利登記
　　　　　　　　　（　本謄本列印完畢　）
※注意：一、本謄本之處理及利用，申請人應注意依個人資料保護法第５條、第１９條、第
　　　　　２０條及第２９條規定辦理。
　　　　二、前次移轉現值資料，於課徵土地增值稅時，仍應以稅捐稽徵機關核算者為依據。

圖 3-11　「蔣公報恩觀」土地登記謄本（128-5 地號）。
資料來源：鳳山地政事務所，申請日期：2017 年 6 月 22 日。

公所民政課課員陳曉婷查詢，她說：「旗津實踐里里長懷治遠任期是1982-1998 年，擔任四屆，任期共 16 年。」[61]

那麼，有關部隊撤離時間為何呢？筆者透過中華民國國防部民意信箱，[62] 並告知研究「蔣公報恩觀」事件緣由，兩天後，得到海軍司令部人事軍務處機要組中校史政官薛又堯來電回覆，薛又堯說：「1985年後電腦化才有可能建立檔案，由於你說這是在 1970 年左右，經過查詢，年代久遠，紙本尚無保存，至於軍種，查不到了，可能是類似海巡署的海防部隊或者是陸軍。」[63]

過了數天，筆者再次詢問報導人黃寶貴當初申請門牌的住址是否記得？報導人想了一下。隨即，筆者詢問是否是「北汕尾 2 巷 49-1號」，黃寶貴立刻回覆說：「對，就是這個，我一時念不出來，太久了，當初申請的就是北汕尾 2 巷 49-1 號，里長也不是住這裡的人，當初要選里長的戶口也是跟我舅公借的。」[64]

筆者根據報導人黃寶貴提出門牌申請與里長任職、「蔣公報恩觀」無人設籍的時間點交叉比對，再依照報恩觀內戊午年（1978 年）的木匾看到當時第一任主任委員是懷治遠，常務委員有葉老三、董理茂，因為報導人黃寶貴的先生是葉老三，因此筆者推測申請門牌的時間可

---

61 陳曉婷，電話採訪。採訪日期：2017 年 6 月 18 日。旗津區公所民政課課員。

62 中華民國國防部民意信箱，資料檢索日期：2017 年 6 月 24 日。網址：http://www.mnd.gov.tw/Publish.aspx?Prod=POMailBox.aspx&Title=%E6%B0%91%E6%84%8F%E4%BF%A1%E7%AE%B1&style=%E6%B0%91%E6%84%8F%E4%BF%A1%E7%AE%B1&s=1。

63 薛又堯，高雄左營人，現為海軍司令部人事軍務處機要組中校史政官，來電答覆筆者。日期：2017 年 6 月 27 日。

64 報導人黃寶貴，1952 年次，出生地：臺灣，電話採訪。採訪日期：2017年 6 月 25 日。

能是戊午年木匾的時間，只有戊午年是黃寶貴提到的所有人物都出現的時候。因為如果是懷治遠任職里長，最早的任期是 1982 年，可是根據旗津戶政郭芯莛指出，1981 年戶籍整編，當時報恩觀已無人設籍在此，所以筆者才會反推報「蔣公報恩觀」門牌申請可能是戊午年（案：1978 年）報恩觀第一屆管理委員會成立的時間。

透過了訪談，筆者得知目前「蔣公報恩觀」也沒有跟交通部航港局承租，村民表示部隊移防後，村民立刻圈地放置「大陳神明」，後來也有人設籍在此，1981 年經整編與 1995 年電腦化作業，目前無人設籍在此，牆上的門牌也是沒有經過政府認證的早期「藍底白字」號碼，但是至於初編門牌的時間為何，由於年代久遠，當時的資料都沒有保存完整，只能透過著老訪談證明廟體祭拜「大陳神明」早於蔣中正逝世的事件。

相 3-7　戊午年木匾，「蔣公報恩觀」第一屆管理委員會委員，主委懷治遠，常　　　　務委員董理茂、葉老三。
資料來源：周秀慧攝。

地景是張刮除重寫的羊皮紙。「蔣公報恩觀」的空間是隨著時間而抹除、增添、變異與殘餘的集合體。[65] 地景是文化的產品，與隨著時間而重塑文化的因素。任何人觀看世界，都可看到不同人群與不同習俗、信仰所構成的拼貼。報恩觀的空間在不同的時代有不同的詮釋，從軍事、政治、宗教、社區和社會關係。

報恩觀的地下道在日治曾扮演防空洞、彈藥庫的功能；戰後，一樓的空間曾是營房，底下的防空洞是阿兵哥睡覺的地方；部隊的撤離，營房頓時擺放「大陳神明」，成為村民傳統的家鄉信仰；蔣中正的過世，家鄉的信仰再加入「蔣公崇拜」，也就是一樓現在奉祀蔣中正的位置，一樓外後面架設高砲機槍的高臺已空無一物，但是登高眺望，映入眼簾是「軍事重地、嚴禁擅入」海軍軍事管制區，地下道的防空洞如今放滿了廟會用的圓桌、椅凳、鍋碗瓢盆和年代久遠的木匾；大陳人增建的二樓，擺放的「大陳神明」，那才是「小房子」區村民信仰寄託的重心。

當國家體制改變，遠離戰火，原先的「反攻大陸」已成為「革新保臺」的現實情況，報導人江湯圓說：「都想說過一段時間要回去大陸。因為蔣總統說：『反攻大陸』，怎麼曉得待在臺灣這麼久！」[66] 經過一甲子的歲月洗禮，做為新的「大陳人」身分認同建構之核心象徵的廟宇，從 1970 年代之後開始在實踐新村「小房子」被建立起來，並且因為「蔣公」逝世，讓圈地產生的「蔣公報恩觀」廟宇被合理化。

去神話的過程足以彰顯，我們不應與言一種單一的大歷史，而應強調多重的歷史，不應與言所謂理性，而應是各種人類理性形式所涉

65　Mike Crang 著，王志弘、余佳玲、方淑惠譯，《文化地理學》（臺北市：巨流，2003），頁 27。

66　報導人江湯圓，1932 年次，出生地：下大陳，口述並錄影。採訪日期：2016 年 5 月 9 日。

及的歷史偶然性。[67]「蔣公報恩觀」儼然像社區活動中心，每天清晨或午後，新村的耆老坐在廟裡面話家常；每週四下午有氣功養生操和旗津醫院社區健康促進室的社工，[68] 走入社區，來量血壓跟測血糖，再搭配高血壓控制的計畫，從飲食、運動跟儀器監測關懷地方；有村民往生或是農曆七月，則是在報恩觀集體摺「金元寶」祈福消災；「蔣公報恩觀」跟村民的生活息息相關，每天有菜車固定時間出現，每年神明壽誕辦桌與歌舞一定在此表演。

相 3-8　旗津醫院社工與地方志工。
資料來源：周秀慧攝。

相 3-9　氣功養生操。
資料來源：周秀慧攝。

相 3-10　報導人張學壽念
　　　　《高王觀世音經》
　　　　加持金磚重量。
資料來源：周秀慧攝。

相 3-11　喪家準備甜湯給摺元寶念
　　　　經文的村民。
資料來源：周秀慧攝。

67　Chris Barker 著，羅世宏主譯，《文化研究：理論與實踐》（臺北：五南，2010），頁 516。

68　報導人王以瑾，出生地：臺灣，口述並錄影。採訪日期：2016 年 7 月 28 日。旗津醫院社區健康促進室社工師。

二、原鄉神明壽誕

旗津大陳的長輩，早期在農曆十月份，可以說是一年中最忙碌的月份，因為農曆十月初三是阮弼真君的生日、十月十三日是漁師大神的生日、十月十五日是三官大帝的生日，所以早期都是哪個神明誕辰到了，就個別祭祀神明。

農曆十月份三位神明的祭祀儀式，不知道從何時開始，隨著長輩一一凋零、年輕出外打拼，現在旗津小房子聚落在十月份「阮弼真君」與「漁師爺」的祭祀活動，會「形式上」擲筊，統一在農曆十月十二日晚上暖壽舉行「平安宴」並搭配辣妹歌舞助興。「三官大帝」的祭祀，依舊在農曆十月十五日全素祭拜，但是如果忙碌的信徒，也可以在農曆十月十二日晚上以素齋祭拜三官，只要跟三官大帝上香說明即可。

另外，在平安宴的前夕，村民集體合作清洗糯米、浸泡一整天後，會在隔天早上 6 點不到，就開始蒸煮糯米、扛糯米、散熱、打包，一條龍作業，完全是村民無償共同協力，其目的是為了提供參與「平安宴」的信眾，可以在散會後取得兩份宵食。據耆老說，年輕一輩想輕鬆省事，希望只送一份「宵食」回禮，但是耆老依舊堅持兩尊神明誕辰（阮弼真君與漁師大神），就要給信眾兩份回禮，即使蒸煮糯米的過程繁複，這是原鄉的習俗，少了一份感覺對神明也不敬。當地人在蒸煮糯米時有厭勝，王寶君說：「蒸煮的過程不要隨便問，『糯米好了嗎？熟了嗎？』不要不信，上次中山的學生在旁邊問，那個糯米就蒸不熟。」[69]

---

69 報導人王寶君，1966 年次，出生地：浙江，口述並錄影。採訪日期：2016 年 11 月 10 日。

相 3-12 志工媽媽清洗糯米。　　　相 3-13 志工爸爸幫忙蒸煮糯米。
資料來源：王寶君攝。　　　　　　資料來源：周秀慧攝。

報恩觀的二樓供奉家鄉的神明，主祀為「阮弼真君」，左邊陪祀是「漁師大神」、右邊陪祀是「三官大帝」。

（一）阮弼真君

「真君」的由來傳說具多樣性，有一說真君是福建人，為明代戚繼光將軍的手下，修道成仙後，就成為海洋的守護神，漁民出海若遇上濃霧鎖航，只要在船頭相告三聲，誠心祈求，濃霧就會散去，漁民則可以平安歸航。[70]

另一說則是真君姓阮名弼，生於浙江溫嶺長嶼鄉阮家塽的窮苦農家，聰明好學，拜道家習道術及醫術，雙術精湛，為鄉親治病去痛，有妙手回春之效，鄉人稱為華佗再世，扁鵲重生。當其羽化，遂立「真君廟」，繼續為鄉親解厄消災。爾後，阮家塽有鄉人移居同邑的新河鎮，且自家鄉分靈在該鎮的渡南頭村建了座「真君廟」。有一年洪水氾濫，「真君廟」之神像漂流至濱海鎮的椿頭村，村人即建「真君

---

70 梁愛梅，〈高屏地區大陳人的聚落生活與民俗信仰〉，頁 80。

廟」祭祀。清道光年間，有椿頭村的村民帶著香爐到上大陳名為「坑裡」的地方，籌建「真君廟」，祈求神明庇佑，是以此廟為濱海鎮椿頭村的「真君廟」分靈而來，故又稱作「椿頭廟」。[71]

旗津大陳的耆老告訴筆者，「阮弼真君」來自浙江溫嶺，大陳島四面環海，常有颱風侵襲，島民認為真君很靈驗，對出海捕魚者有求必應，是海上的守護神。旗津的大陳人來臺後主要從事海上工作，所以信奉真君。

農曆十月十二日是小房子「漁師大神」和「阮弼真君」暖壽日，因為昨天（十一日）大家忙著蒸煮糯米，所以廟埕廣場早已搭好棚架，今天廟方席開五十五葷、一素桌，陳榮傑主委說：「早期，長輩們還在的時候，每年都一百多桌。」[72]

據報恩觀陳榮傑主委表示，廟裡的「阮弼真君」因為受天候風化、白蟻侵蝕已腐壞許久，陳主委跟老先生們（大陳長輩）討論決定重新復刻一尊真君。然而早期在臺灣雕刻的真君五尺二，就目前環保概念，勢必要尋找超過六尺的一塊木頭也不容易，最少都要花費50萬元起跳，在有限的經費下，陳榮傑主委一直無法尋求價位低又符合長輩們心意的神尊。情急尋找下，陳主委也吃了很多閉門羹，找不到合適的雕刻師傅願意接這個案子。

閩南籍的師公告訴陳主委，「雕刻神像的事不能著急，你既然身為主委，神明會協助你、給你指示。」果然沒有多久，陳主委獨自來到鳳山佛具街，找到一位從事雕刻的師傅，為了協助大陳長輩希望神

71　吳學寶編著，《瑣譚》，頁131。
72　報導人陳榮傑，1968年次，出生地：臺灣，口述並錄影。採訪日期：2016年11月10日。

明都做得大大尊，又要超低價位，所以建議座山加上三尺六的金尊，成為一座四尺六的真君神尊，整體價位共花費 22~23 萬，並在 2015 年阮弼真君生日前完成，陳榮傑主委還請了閩南籍師公開光安座。

四面環海的大陳島，島民普遍捕魚打撈維生，面對變化莫測的天氣，即使再熟練的駕船技術、再好的船隻，都會遇上不測，俗話說：「飛航萬里、風濤叵測」，當人力無法解釋或解決，唯有精神力量產生信心，「阮弼真君」的信仰可以讓大陳島民在風雨中生信心、平安返航。旗津的島民來臺後多是從事漁撈與海上事業，「阮弼真君」的信仰從家鄉延續到臺灣。

相 3-14 「蔣公報恩觀」二樓之阮弼真君神像。
資料來源：周秀慧攝。

（二）漁師大神

　　另一位漁師大神，傳說紛歧，有一說漁師是男性神靈，掌管天下漁業，所以要立廟祭祀，祈求漁業興隆；[73] 另有一說則是下大陳有一個漁民，從小在海洋討生活，所以練就一身好功夫，可以判斷潮候、洋流、水溫情形就知道海裡魚量的多寡。只要這位漁民出航，漁獲量都是最高的，而且最擅長捕捉黃魚，從此贏得其他漁民們的尊敬。後來被尊稱為「漁師」，死後則在山上立「魚師廟」受人膜拜。

　　島民以捕魚為主要職業，對「漁師大神」尊敬推崇，位於下大陳南田村五虎山麓上的「魚師廟」是大陳島上唯一以「漁師大神」為主祀的廟宇，「魚師廟」曾是蔣中正的休憩所，廟旁的防空洞更是大陳撤退前，蔣經國坐鎮指揮大局的地方，漁師爺也是世上唯一出身大陳的神祇。[74] 因此，旗津的大陳島民對於「漁師大神」信仰非常虔誠，是重要的心靈寄託。

　　住在下大陳的賈小光說：「在下大陳，有人結婚都會去魚師廟拜拜求平安，為什麼我會知道呢？因為新人要結婚時，會找我去魚師廟念經，我們在家鄉很多時候做什麼事情都要念經，我因為會念，所以他們都會找我幫忙。」[75] 現在旗津的實踐新村只要村裡有人要結婚，也會來跟「漁師大神」上香，但已經沒有舉行結婚念經文一事了。

　　關於「漁師大神」神尊之緣由，筆者田調中聽到兩種說法。報導人江湯圓堅持漁師大神是從原鄉裝箱帶來的，他說：

73　梁愛梅，〈高屏地區大陳人的聚落生活與民俗信仰〉，頁 78。
74　吳學寶編著，《瑣譚》，頁 132。
75　報導人賈小光，1934 年次，出生地：下大陳，口述並錄影。採訪日期：2016 年 11 月 14 日。

當初漁師大神的廟公也跟我們一起來到這裡，鬍子那麼長的老頭子，住在我們後面，年齡很大早就走了，他有一個小孩也早走了，當初也跟我們在碼頭一起工作，如果小孩在，也八十多歲了。[76]

相 3-15　海中眺望下大陳魚師廟。
資料來源：翻攝自吳學實著，《溯源》，頁 28。

相 3-16　蔣經國在下大陳島魚師廟前。
資料來源：國家文化資料庫，資料檢索日期：2016 年 12 月 5 日。網址：http://nrch.culture.tw/doviewer.aspx？do=0&s=1939532&id=0000645021&proj=MoC_IMD_001。

相 3-17　下大陳島魚師廟。
資料來源：張學壽提供。

相 3-18　報導人賈小光身後的小房子就是下大陳魚師廟廟祝董理茂在實踐新村的居處。
資料來源：周秀慧攝。

76　報導人江湯圓，1932 年次，出生地：下大陳，口述並錄影。採訪日期：2016 年 5 月 9 日。

　　江湯圓認為廟公都來了，應該會帶神像一起來。但是另一位報導
人賈小光說法又不一樣了，他堅持漁師大神是在臺灣雕刻的，賈小光
說：

> 在下大陳魚師廟的廟祝董理茂也是道人，從魚師廟帶相片來
> 臺灣仿刻，神像不是從原鄉帶來的，我有看到照片，大小約
> 12 吋，就像牆壁上奶奶的遺照大小（報導人賈小光在客廳用
> 手指著奶奶遺照處）。[77]

　　至於「漁師大神」神尊是否來自原鄉，筆者認為這已不是最需要
求證或討論的，而是漁師的原鄉信仰在臺灣是最獨特的文化之一。因
為傳說中，在大陳原鄉漁師爺擅長捕捉黃魚、黃魚價高味美，每次返
航都是滿載而歸，因此對旗津的大陳島民來說，「漁師大神」是「豐
收」的象徵符碼。原鄉的海神信仰對世居海島從事碼頭或與海有關的

相 3-19　漁師大神神尊。
資料來源：周秀慧攝。

相 3-20　法船是漁師大神捕魚與救人的工具。
資料來源：周秀慧攝。

77　報導人賈小光，1934 年次，出生地：下大陳，口述並錄影。採訪日期：
　　2017 年 5 月 1 日。

事業的旗津大陳人來說，漁師大神有求必應、更是庇佑鄉親的守護神。訪談中，年輕時從事碼頭工人的江湯圓說：「漁師大神用的船，可以救人。」[78]「漁師大神」對旗津大陳的移民社會同時也具有「安撫民心」的作用。

（三）三官大帝

「三官大帝」神尊是在旗津的兩所蔣公廟裡共同的神明，報導人林春生說原鄉島民對於三官大帝神誕非常慎重，林春生說：

> 我們大陳人在原鄉非常重視三官大帝誕辰，這跟道教齋儀有關，太上三元，賜福赦罪，解厄消災。我們三年滿會後，會舉辦一次法會。所謂的滿會即是，每一年三次天官（上元）、地官（中元）、水官（下元）誕辰當天，我們大陳男性約5、6人，會在三官大帝供桌前念三官經，從早到晚一整天，這樣的念經祭祀活動連續三年，叫滿會，當年就會舉辦一次三官法會。

> 下一次隔三年，才又有法會。道士和工作人員一連七天的法會全程吃素，整個搭五層樓高的祭拜壇，包含廟埕，女性都不能進入，所以我們還特別修建一道後門供女信眾進出。[79]

「三官大帝」以天、地、水三官合稱，在臺灣稱為「三界公」、「三界爺」，在中國各省稱為「三官老爺」，而且在上古時期就有「祭天、祭地、祭水」的禮儀，因此「三官大帝」的由來多與「自然界」結合。

---

78 報導人江湯圓，1932年次，出生地：下大陳，口述並錄影。採訪日期：2016年5月9日。

79 報導人林春生，1952年生，出生地：下大陳，口述並錄影。採訪日期：2016年11月18日。

　　臺灣漢人的社會結構是由閩粵移民組成，根據增田福太郎與劉枝萬兩位學者對臺灣神明信仰與廟宇的發展分析得知，先民渡海來臺之初，隨著移墾社會發展茁壯。三官大帝的信仰先從香火袋、木牌或三官爐等隨先民渡海來臺，演變成民間信仰。[80]

　　渡海來臺的移墾者，面對臺灣海峽的險惡，更凸顯人在自然界的卑微與渺小、面對瘴癘與水土不服，當然想以超自然的力量安撫人心，於是滋生對天、地、水「三官大帝」的信仰，期望透過祭祀祝禱來安頓拓墾初期無助的心靈。對旗津的大陳人而言，祭拜「三官大帝」也是出自移民者對天、地、水的敬畏心態，對於陌生的臺灣環境，「三官大帝」可以撫慰人心。

　　大陳島民主要由浙閩移民，島民依賴海洋生活，大部分的物資、糧食都是經海運到島上，是故對海洋產生敬仰又敬畏的心情，求神佛保佑的念頭更為強烈。大陳轉進之前，列島寺廟共有四十一座，主神多與「水神」有關。來到臺灣的大陳人，在一切陌生的情況下，唯有「大陳神明」是最熟悉的，透過祭拜祝禱，可以撫慰流落異地的思鄉情懷。

　　旗津的大陳人在原鄉職業身分多是碼頭工人，來到臺灣後，依舊選擇碼頭工維生，但是對「海神」的信仰並沒有減少，透過對「海神」的祭祀，祈求「風調雨順，國泰民安，大船入港，滿載而歸」與更廣的文化連結產生的神話（Myths，或譯「迷思」），海神法力無邊，上達天聽，自然界和諧，就會風調雨順、四季應時；社會人群和諧，就會充滿溫暖，其樂融融。最主要還保佑碼頭工人工作不間斷，有做事就有收入。

80　田金昌，〈臺灣三官大帝信仰－以桃園地區為中心（1683～1945）〉（臺北：國立中央大學歷史研究所碩士論文，2004），頁49。

　　當初只有少數被認為思想有問題的三百餘名大陳島民留在大陳島其中不知名的小島，[81] 還有一位是留在大陳島的孔江波。[82] 因此島上幾乎所有的大陳人都撤運來臺，臺灣注入的大陳文化是非常特殊的，形成臺灣的文化多元，也是最獨一無二，無法取代的。

　　筆者在 2016 年參加漁師大神暖壽「平安宴」，蔣公報恩觀陳主委席開五十六桌，與會者除了全臺各地的大陳新村人士外，尚有回臺的大陳「美國人」，對於廟會捐款更是大力支持，並說吃完了隔天才離開，移民者用行動告訴我們對旗津的認同。

相 3-21　漁師大神、阮弼真君暖壽平安宴，
　　　　報導人宴會後，隔天回美國。
資料來源：周秀慧攝。

相 3-22　承襲原鄉習俗，供品「豬頭一副、小
　　　　公雞、帶鱗片的魚」，豬頭插上刀並
　　　　沾滿鹽巴，讓神明吃得津津有味。
資料來源：周秀慧攝。

　　在壽誕的祭品中，筆者發現「阮弼真君」和「漁師大神」的供品獨特，家戶的三牲中皆有豬頭一副並且有一把沾滿鹽巴的刀子插在豬頭上。信眾解說

81　丁雯靜、唐一寧撰文，《最後島嶼紀實：台灣防衛戰 1950-1955》，頁 254。
82　陳玲著，《大陳記憶・兩岸新移民的悲歡》（臺北：時英，2015），頁 174。

習俗從大陳帶過來，刀子是要給神明切肉取用方便，鹽巴是為了讓神明吃得津津有味。

大陳耆老說大約三十年前有「三官大帝」法會，誦經文的人必須前一晚吃齋或誦經當天全素，而且女香客不能進入廟內或祭壇，所以在廟裡誦經的全是男性，就連女信徒祭拜三官，只能在廟外祭拜，再由男信眾協助插香。隨著長輩年老凋零，當年法會的盛況只有隨著記憶流逝，再加上從北部請來的道士團，隨著道士長者逝去，旗津大陳也沒有任何會念原鄉經文的接班人等原因，三官壽誕不再舉行法會了。

當晚的壽宴，除了有音響舞臺車，更有辣妹跳鋼管，載歌載舞、臺味十足。主持人口條好，介紹蒞臨的地方官、陳主委與特別從美國回來的嘉賓，還有來自各地大陳新村的信眾，如：林園平水廟、鳳山厴威武廟、東港五房楊府廟、高樹鄉楊府廟、白砂崙威武廟、蔣公感恩堂以及交誼友廟旗津天后宮、日新地藏王廟等。

筆者參與「蔣公報恩觀」神明暖壽的「平安宴」跟臺灣傳統神明慶典吃拜拜的方式差異極大，宴客採「認桌制」，每桌成本價臺幣 4,000 元，認桌的公定價則是 5,000 元，由於廟會有安排搭置舞臺與跳鋼管舞的成本額外支出，所以廟方在「平安宴」入口前置放了一個透明的「功德箱」，提醒參與廟會熱鬧的人士共「箱」盛舉。聽到鳴槍聲響，政客與來賓紛紛看桌牌入座，因為認桌的同伴多數是至親好友，所以沒有事先說好跟某人合資的話，是不能隨意看到空位就入座的，就算一桌只有一個人享用，也是此人獨資認桌，這跟參加宴會看到空位打個招呼就坐下是完全不同的。

廟會中，餐桌的菜色不足以吸睛，所有的場面焦點是舞臺上身著清涼薄紗的鋼管舞孃和主持人的歡樂帶動，這可類比於涂爾幹的「大

興奮」概念。涂爾幹認為儀式的熱鬧氛圍會讓人們覺得做為儀式象徵的神是真的，也讓人感受到群體的存在。[83] 其中來賓致詞的政治選票意味濃厚，不時有地方官說出感性的話，幫忙旗津大陳爭取經費，謀求福利，還用台州話跟大陳人問候，舞臺上的跑馬燈不時的秀出里長、主委、議員的大名，主持人也點名從美國特地回臺灣參加漁師大神壽誕的人士，讓在場的氣氛 High 到最高點，因為這幾位旗津的「大陳美國人」，是廟會香油錢的大力支持者。平安宴在熱舞歡唱下閉幕，曲終人散前，每位護壽之信眾拿著「宵食」往渡船場或海底隧道的方向離去。

筆者認為大陳的廟會不但是祖籍原鄉信仰的象徵外，也發揮群體認同與整合交往的功能。隨著大陳人參與「大陳神明」廟會的形成，一個含括全臺各地大陳新村居民的「大陳人」集體意識也是在這一過程中被形塑出來。村民藉由神明的壽誕，跟其他大陳人相互聯繫，建立情感，更再一次強化大陳人的身分認同感與旗津實踐新村自我的凝聚力，黃寶貴說：「臺灣人很少可以行踏我們這個村，大陳人很團結的。」[84]

當其他的大陳新村廟宇有神明壽誕慶祝時，村民會自行駕車前往或由陳主委邀請數位鄉親共乘，這一群由陳榮傑主委帶頭參與的人士，便是旗津實踐新村的代表團體了。「大房子」區的報導人林秋香說：

83　陳緯華、張茂桂，〈從「大陳義胞」到「大陳人」：社會類屬的生成、轉變與意義〉，頁 86。

84　報導人黃寶貴，1952 年次，出生地：臺灣，口述並錄影。採訪日期：2017年 6 月 19 日。報導人為大陳媳婦。

以前母親還健在時，我們會陪著她參加其他大陳村落的廟會，尤其是茄萣的威武廟，因為他們撤退後落腳處是在茄萣，所以會回去那邊看看老鄉熱鬧；我自己會選擇「大房子」的廟會參加，因為我信仰觀音，「小房子」那邊我很少去。[85]

報導人王寶君是「蔣公報恩觀」的委員，她說：「參加廟會是一種交流、你跟我、我跟你，禮尚往來，這不會有負擔的。」[86]

「三官大帝」壽誕當天，筆者看著報恩觀牆上張貼三天前「漁師大神」平安宴等廟會的收支明細，結果尚有七萬餘不足款，都由廟裡的管委會埋單。筆者很好奇，對於每年廟會不足款的支出，這筆數目除了捐款外，還有哪些開源的呢？

三、原鄉娛樂文化

麻將的發源地眾說紛紜，有粵閩兩地、有寧波江廈。《文苑滑稽談》〈卷一‧十六〉提及：「英人謀占定海時，寧人陳政倫號魚門，辦理漁團，因變馬吊之法為麻雀牌，欲使漁人樂此，不致有怠惰離散之意。」[87]定海區是浙江省舟山市下轄的一個區，第一次定海之戰於清道光二十年（1840）七月五日，是第一次鴉片戰爭初期，英國遠征軍為攻打定海與清軍發生的戰役，戰事最終英軍獲勝，定海遂告陷落。由此得知麻將溯源的數據在1840年已來到浙江。根據大陸官方2002年《寧波年鑑》記載，2001年6月17日首家麻將博物館位於浙江寧波市

---

85 報導人林秋香，1964年次，出生地：臺灣。電話採訪日期：2017年5月17日。

86 報導人王寶君，1966年次，出生地：浙江。電話採訪日期：2017年5月17日。

87 楊旭淵著，《麻將趣譚》（臺中：捷太，2010），頁5。

月湖西側的天一閣博物館，現代麻將創始人是陳魚門。

陳魚門（1817-1878），名政鑰，字魚門，號仰樓，寧波人。清道光二十九年（1849）拔貢，曾授內閣中書，加三品銜。地方上的仕紳和鄉民多尊稱為「陳太守」。民國《鄞縣通志》稱：「政鑰負才廣交，為當道所重。郡縣有事，若拓荒、修學、協濟鄰餉之舉，皆倚辦之。」太平天國期間，陳魚門執掌善後局，負責籌措浙江全省的軍餉，「上下周旋，雍容酬答」，亦得到了左宗棠的賞識。[88] 由於陳氏諳熟英語，接受朝廷派遣在寧波五口通商做外交事宜。在寓居寧波期間，同治三年（1864），陳氏改造馬吊紙牌為竹骨麻將，[89] 當時陳氏與英國駐寧波夏福禮有公務往來，私下也是親密好友，時常在寧波老外灘一帶打麻將，因為夏福禮地位顯赫，陳氏發明的麻將也成為上流社會和商界的熱門娛樂活動。[90]

麻將中保留了寧波方言與航海文化，如：筒是船上盛水用具、索是揚帆拋錨的繩索和漁網、萬是對豐收的期望、東西南北是對風的敏感、碰是船碰撞、聽是船暫停而待機或停岸之意。麻將的寧波口語稱麻雀，遠航歸來，麻雀出現，即是接近陸地之兆。[91]

賭博是人類文化形態之一，是一種對人類生活機制產生相當影響的社會現象。根據事先約定的規則，決定輸贏，從娛樂邊緣滑向異

---

88 〈陳魚門〉，《百度百科》，資料檢索日期：2017 年 4 月 12 日。網址：http://baike.baidu.com/item/%E9%99%88%E9%B1%BC%E9%97%A8。

89 譚伯牛著，《天下殘局》（臺北：知本家，2007），頁 245。

90 〈去寧波見證麻將的歷史〉，《中國評論月刊網絡版》，2012 年 11 月 2 日，資料檢索日期：2017 年 4 月 19 日。網址：http://hk.crntt.com/crn-webapp/mag/docDetail.jsp?coluid=26&docid=102288468&page=2。

91 楊旭淵著，《麻將趣譚》，頁 12。

途，反映某些社會心態與情趣。又能滿足人們投機取巧、僥倖取勝的心理需要，甚至說是激發機智的作用。[92] 浙江紹興人魯迅，中國現代著名的作家曾說過：「嗜好如讀書，猶如愛打牌一樣，天天打，夜夜打，連續的打，有時被捕房捉去了，放出來之後還是打。諸君要知道真打牌的人目的並不在贏錢，而在有趣。」[93]

「長日逍遙在方城，理牌抓張吃碰聽；白皮發財吊紅中，槓上自摸顯神通。」[94] 大陳女婿陳聰吉說：「大陳人不管婚喪喜慶都在打麻將，辦喪事時，如果來打麻將的人愈多，表示喪家在地方上人氣很旺。」[95] 打麻將，在「蔣公報恩觀」似乎不叫做賭博，至少，對牌桌平均高齡近七、八十歲，三張牌桌年齡即可稱呼「千歲團」的爺爺奶奶來說，打麻將是長輩們的手腦運動。

有幾次，筆者來到「蔣公報恩觀」尋找採訪的長者時，總會被問起：「要不要一起玩？（而且會做出搓麻將洗牌的手勢狀）」「我不會玩啊！（搖頭狀）」筆者回答。長輩們聽到筆者不會玩牌時，會有點沮喪，因為三缺一唷！筆者心裡想著：「是不是這個村子的老人喜歡打麻將，所以高齡九十好幾的奶奶，身體手腳都好俐落，完全看不出實際的年齡？」還有當地人跟筆者分享，因為村子裡的人，普遍喜歡吃魚、海鮮，所以腦筋都好清楚，老人都好聰明，打牌很精！

92　戈春源著，《賭博史》（臺北：華成，2004），頁4。

93　譚伯牛著，《天下殘局》，頁250。

94　汪瀚著，《麻將打油詩百篇》（臺北：秀威，2007），頁74。

95　報導人陳聰吉，1964年次，世代與出生地：旗津，口述並錄影。採訪日期：2016年10月14日。報導人為大陳女婿。

大陳村民將原鄉娛樂的文化在報恩觀延續與凝聚。聽村民說，早期有些爺爺奶奶一邊打花牌、一邊吟唱，聲動加律動，在這裡除了宗教信仰、社區與社會關係，贏錢者廟方按牌桌抽頭，做為廟務的支出基金。不過筆者聽鄉親談過，有一回長輩們收到紅單開罰，陳主委說：

> 數年前社區來了個新警官，由於新官上任三把火之緣故，平日大夥兒在閣樓打麻將消遣都沒事，結果新警官突擊，牌友們手足無措吃上紅單，每個人罰款 9,000 元，但最後念及是在公共場所娛樂，最後將罰金降低，做為警惕。[96]

對於這段陳年往事，長輩們還記憶猶新，不過此舉並未澆熄原鄉娛樂的熱情，報恩觀的閣樓總有此起彼落清脆的麻將聲環繞著，由於廟務收入平順，也成為幫忙村民應急的窗口，黃寶貴說：「我為了還債務，在阮綜合醫院顧病人當看護，媳婦要生、二兒子要開刀，我去廟裡借錢，他們馬上借我 3 萬塊。」[97]

俗話說：「打熟不打生，病牌不出門」，長輩們相互吆喝，透過麻將鍛鍊手腦靈活、延緩退化，又可以打發時間、互相激勵，所謂牌桌上「要想有個好手氣，修身養性要努力」，從清脆的洗牌聲就可以猜得出長輩們今天玩牌之心情！

---

96 報導人陳榮傑，1968 年次，出生地：臺灣，口述。採訪日期：2016 年 4 月 23 日。

97 報導人黃寶貴，1952 年次，出生地：臺灣，口述並錄影。採訪日期：2016 年 7 月 19 日。報導人為大陳媳婦。

第三節　大房子與「蔣公感恩堂」

一、感恩堂的由來

　　1975 年 4 月 5 日當時的《中央日報》報導蔣中正逝世，分布全臺各新村的大陳人哀慟萬分並推派各村代表，披麻帶孝，前往國父紀念館瞻仰遺容。[98] 實踐新村當時的村民聽到蔣中正逝世亦鳴哀不已，並在今中洲三路電信局附近搭一座簡易靈堂，後來大、小房子的村民希望能在各自的聚落設置，便隨意找地方設靈堂追思。[99] 就這樣，大、小房子各有悼念蔣中正的靈堂建立。

　　復興巷外海灘尚有一片木麻黃林，曾是高雄市民郊遊烤肉的好去處。[100]「蔣公感恩堂」坐落在復興里復興三巷的位置，原本是一片木

相 3-23　「大陳義胞」披麻帶孝瞻
　　　　　仰「蔣公」遺容。
資料來源：《中央日報》，1975 年
4 月 13 日，3 版。

相 3-24　「大房子」民眾設置「蔣公」靈
　　　　　堂追思，左二為報導人陳永慶
　　　　　之母親陳李小鳳。
資料來源：陳永慶提供。

---

98 〈大陳義胞披麻帶孝　瞻仰　蔣公遺容〉,《中央日報》,1975 年 4 月 13 日，
　　3 版。

99 報導人楊台生，1961 年次，出生地：臺灣，口述並錄影。採訪日期：2016
　　年 6 月 10 日。現任實踐里里長。

100 王賢德編,《高雄市區里沿革圖誌》（高雄市：高雄市文獻委員會，2001）,
　　頁 477。

相 3-25　「蔣公感恩堂」於 1977 年整修後廟瓦模樣。
資料來源：「蔣公感恩堂」提供。

麻黃林，屬於「大房子」的聚落。報導人曹淑萼回憶小時候在「大房子」聚落的情景，她說：

> 以前我跟哥哥在感恩堂這塊地上蓋樹屋，打上繩子做成盪鞦韆，這裡有很多雞母豆仔樹、林投樹、木麻黃，地勢很高，海浪打不上來，我們要去海邊需要跑很遠，後來因為蓋馬路被剷除變成地勢比較低。以前颱風過後，這裡樹木整片倒，住旗津的人都會來砍木材回去當柴火燒，大家生活很窮，現在木頭有管制，不能亂撿。[101]

　　1975 年「蔣公感恩堂」原本只是一座碼頭墊材搭建的簡易靈堂，擺放蔣中正遺照追思。1976、1977 年間「大房子」區的村民周普法先生等人發起，[102] 結合旗津村民，決定把簡易靈堂改建成永遠追思蔣中正的感恩堂，並供奉家鄉的觀音、「三官大帝」，[103] 大家就習慣稱呼

---

101 報導人曹淑萼，1958 年次，出生地：臺灣，口述並錄影。採訪日期：2016 年 12 月 5 日。報導人是 1949 年海軍造船廠遷徙的山東遺眷。

102 報導人周普法，1921 年次，出生地：下大陳，口述並錄影。採訪日期：2017 年 4 月 7 日。

103 〈蔣公廟介石讓位給觀音〉，《蘋果電子報》，2007 年 2 月 9 日。資料檢索日期：2016 年 12 月 5 日。網址：www.appledaily.com.tw/appledaily/article/headline/20070209/3244469/。

「蔣公廟」、「總統廟」了。後來，磚瓦奠建的感恩堂，因建造簡便、年久，已有破裂倒塌之危險，本堂理事會全體同仁熱誠籌備復建。除了全臺各地的大陳新村發起大陳鄉親踴躍捐獻，尚有許多來自美國的大陳人捐出美金，感恩堂於 1983 年開工整修並落成啟用。

相 3-26 「蔣公感恩堂」1983 年的樂捐芳
　　　　名。
資料來源：周秀慧攝。

相 3-27 右下角美國（美金）樂
　　　　捐者。
資料來源：周秀慧攝。

　　扁政府執政後，大規模「去蔣化」的行動具體展開。「蔣公感恩堂」管理者與村民擔心廟宇將會遭遇不測，憂心忡忡之餘，便在 2006 年底透過觀音擲筊的允諾，待廟宇再度整修落成時，蔣中正與觀音菩薩主次易位。

　　高雄市長陳菊配合扁政府「去蔣化」政策，2007 年 3 月中旬下令將「中正文化中心」正名為「高雄文化中心」，並將蔣中正銅像拆除移走。此舉震驚廟方人員，加速整頓「蔣公感恩堂」主次易位之決心。同年「蔣公感恩堂」農曆二月十九日（案：國曆 4 月 6 日）再度重建落成之際，廟方舉行安座儀式，將原本主祀神祇的蔣中正移至左方陪祀，換成觀音菩薩坐主位。當初「蔣公感恩堂」的建蓋是隨意找的空地，2012 年財政部國有財產局發文開始徵收租金並往前追討七年。

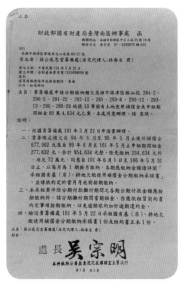

相 3-28 財政部國有財產局南
區辦事處公文催租。
資料來源：林春生提供。

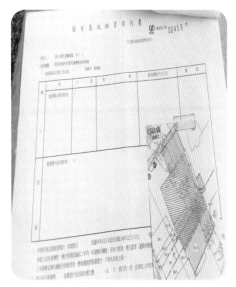

相 3-29 國有基地租賃契約書。
資料來源：林春生提供。

　　報導人林春生擔任船長退休後就在「蔣公感恩堂」擔任總幹事，他談起堂的沿革，並說：

> 我們的廟在 1975 年蔣公往生時，是用他的遺像，廟規模比較小，後來慢慢擴建起來。新村大部分的人是在碼頭做工，那時候用墊材，簡易搭一個房子，後來隔了一、兩年集資蓋磚瓦，加入家鄉的觀音菩薩跟「三官大帝」祭祀。

> 這裡早期是木麻黃林，我們大陳人把樹木砍掉、整理，範圍又比較大了。這是慢慢擴建的，1983 年蓋了一次，又漏水，而且當初蔣公、觀世音、三官都有隔間隔起來；2007 年重建後，中間就沒有隔間了，看起來比較大。

我就在這次整建中，把蔣公跟觀世音位置順勢對調，人家在
外面一眼望進來，看到觀世音神像，感覺會比較好。那時候
老廟公在的時候，我們就改建了，為了廟的長久性，所以改
變成現在的位置，觀音成為主祀，老廟公鮑信雲雖然跟老蔣
有深厚的情誼，但沒有反對。[104]

早期「蔣公感恩堂」因為大陳的長輩們健在，每年除了定期舉辦
觀音聖誕的平安宴外，也會舉辦「三官大帝」的法會或觀音法會。最
近期的一次觀音法會是「蔣公感恩堂」重整落成，並由草衙靈龍山大
乘寺住持心得法師帶領信眾在 2008 年舉行觀音法會。林春生說：

每一次法會請道士的錢就要 50 萬，其他的費用加下來要一百
多萬！我大房子舉辦「三官大帝」法會，在廟埕搭五層樓高
壇，每一層有神明坐鎮護法、插旗子、擺香案；道士和工作
人員一連七天的法會全程吃素，整個搭五層樓高的祭拜壇，
包含廟埕，女性都不能進入，所以我們還特別修建一道後門
供女信眾進出。

道士誦經拜懺，對於造冊上的贊助名單一一通報給神明知
道，每份疏文 2,000、3,000 元不等，而且在廟的外面，我們
有架平安橋，走上橋者會收費用，第一個走上橋的，價格兩
萬起跳，整個法會結束，會將平安橋運到海邊那裡化掉（燒
掉）。另外也有燒法船，法船成本約十來萬元，都是大陳子弟
鄔先生做的，船上會準備食物燒給祖先、或是將厄運燒掉，
祈求平安。

---

104 報導人林春生，1952 年次，出生地：下大陳，口述並錄影。採訪日期：
2016 年 7 月 21 日。「蔣公感恩堂」總幹事。

相3-30　「蔣公感恩堂」特製的後門，　　相3-31　法會過平安橋儀式。
　　　　三官法會女性不得從前門進　　　　資料來源：陳秀娘提供。
　　　　入廟埕，須從後門進出廚房。
資料來源：周秀慧攝。

相3-32　功德主。
資料來源：「蔣公感恩堂」提供。

臺灣人有爐主，我們大陳也有類似的角色，叫「功德主」，
出的錢最多有 10 萬、30 萬不等，而且還分首爐、二爐、三
爐、四爐……，擔任「功德主」的限制非常嚴格，要子孫滿
堂、又家庭中沒有人往生的，不然法會聽說會辦不圓滿，像
我們老廟公鮑信雲就不行，因為他在大陳有個未過門的媳婦
往生。

在法會上有「香官」，負責整個法會點香工作，出的錢次多；
另外還有「齋家」，活動裡所有伙食處理，如果有人贊助米、
油、食物，就不會花很多錢，我們家做過兩次「齋家」。後來
三官法會都沒有了，中斷 30 多年了，年輕人不相信神明，跟
大陳長輩敬畏虔誠的態度不一樣。[105]

另外，「蔣公感恩堂」在每年農曆七月份摺紙元寶給好兄弟的習
俗依舊流傳至今，「大房子」的村民會集資購買銀紙、小金元寶和「冥
通銀行」發行的美金、人民幣，幾個婆婆媽媽摺一摺，到時候再化掉
給好兄弟。只要有活動，廟埕便會開放打麻將，贏錢的人按牌桌抽

相 3-33　冥通銀行發行的美金。
資料來源：周秀慧攝。

相 3-34　大陳長輩摺金元寶。
資料來源：周秀慧攝。

---

105 報導人林春生，1952 年次，出生地：下大陳，口述並錄影。採訪日期：
　　2016 年 7 月 21 日。「蔣公感恩堂」總幹事。

頭，另一旁的廚房，幾位阿姨洗米、洗菜、刨芋頭皮……，準備烹煮大陳美食「豬肉飯」，以提供參與摺紙活動與打麻將的鄉親便飯，好不熱鬧。

　　所謂的政治社群，乃是人類為了追求共同目的，經由理性言說的機能，所構築的一種團體組織。其成員彼此地位平等，互相關愛，依正義之原則行事。[106] 宗教在政治的變遷過程占有很重要的位置，把相同信仰的人結合起來與不相同信仰的人形成對立，何況信仰的分歧與宗教本身一樣，始終都是普世性的現象。每個族群在其信仰上，自有其普世化的真理，更有其獨特的傳說、教義與習俗，相信超自然的存在，或許是所有宗教的共同性。

　　地景如何隨著時間，於特定地點發揮塑造人群認同的角色。地景的塑造能夠反應與鞏固何者構成人群，誰被納入、誰被排除的觀念。[107] 感恩堂的建立政治上屬戒嚴時期，筆者認為從蔣中正的開端，再連結家鄉的神明；工具不僅是人類的產品，也塑造了人類的行為。[108] 國族歷史敘事是現代社會佔核心地位的公共故事之一，是形塑人們集體認同的重要集體記憶範疇之一。[109]

　　大陳村民飲水思源，將對蔣中正的感恩塑造地景，用群聚的力量捍衛自己的地方，強化對旗津的感情。感恩堂當時的建立，無疑是強化大陳人與海軍造船廠眷村的外省人對中華民國／國民黨的認知，國

---

106 陳秀容、江宜樺主編，《政治社群》（臺北：中研院社科所，1995），頁 43-44。

107 Mike Crang 著，王志弘、余佳玲、方淑惠譯，《文化地理學》，頁 51。

108 Mike Crang 著，王志弘、余佳玲、方淑惠譯，《文化地理學》，頁 21。

109 蕭阿勤著，《回歸現實：臺灣 1970 年代的戰後世代與文化政治變遷》（臺北：中央研究院，2010），頁 347。

家意識的形塑，林春生說：「附近的榮民早期會在蔣公誕辰時買壽桃過來祭拜蔣公，而且幾歲就買幾顆壽桃，但是老人家漸漸凋零，現在沒有這種景象了。」[110] 透過紀念地景象徵意義上把領土連結起來與傳統村廟為中心的村落，與今日迥然不同的是，當時的優勢是國民黨主導，建構以中國民族主義為藍本、鋪陳中國國族命運的歷史敘事。

　　大陳的世代意識，既受省籍影響，也依附於國族認同而開展。大陳人用「蔣公感恩堂」強調自我生命故事的存在、與「重要的歷史事件」，以強化成員間彼此的血緣與假血緣聯繫，藉此凝聚可分享資源的社會人群。同時，在資源分享和競爭背景發生變化時，社會群體也會重新選擇、創造或詮釋歷史的記憶，來改變可分享資源的認同變遷，[111] 因此，隨著政黨輪替，為了廟宇的長久性，蔣中正的「讓位」一事，巧妙運作得宜；至於每個月的廟租的確是筆固定開銷了。

二、觀音聖誕

　　一走進感恩堂聖殿，映入眼簾是觀音佛祖坐在普陀岩。普陀素有「海天佛國、南海勝境」著稱，普陀是全山總名，層巒複嶂，數約十六，在今浙江普陀縣，是舟山群島的一小島。鳥瞰普陀山和島東南洛伽山，彷彿蟠龍戲珠，合稱普陀洛伽山。傳五代後梁貞明二年（916），日僧慧鍔從山西五台山請觀音像歸日本。航經普陀山時，海上湧出鐵蓮花數百朵，舟不能行，後來跪地祈求說：「若尊像於海東機緣未熟，請留此山。」隨後舟即浮動，慧鍔捧像在此登岸。當地居民張氏目睹異象，大為感動，遂將所居屋舍捐出供奉，於此建「不

---

110 報導人林春生，1952 年次，出生地：下大陳，口述並錄影。採訪日期：2016 年 7 月 21 日。「蔣公感恩堂」總幹事。

111 王明珂著，《華夏邊緣：歷史記憶與族群認同》（臺北：允晨，1997），頁385。

肯去觀音院」，普陀山於是成為觀音道場，也是島上的第一座觀音寺廟。[112]

南宋紹興元年（1131），全山佛教各宗統一歸於禪宗，嘉定七年（1214），又規定普陀山為觀音大士道場聖地，由此普陀、五台、峨嵋、九華合稱佛教四大名山，[113] 又稱四大菩薩道場，古今皆知。四大名山之普陀山為觀音菩薩道場、五台山為文殊菩薩道場、峨眉山為普賢菩薩道場、九華山為地藏菩薩道場，四大菩薩也代表佛教修持四大法門。[114] 蔣中正的母親王太夫人皈依佛教，是虔誠的佛教徒，除了茹素外，又精研佛法，熟讀《法華經》、《楞嚴經》，幾乎每年定期上南海普陀山朝拜進香。1949 年 5 月蔣中正乘江靜輪離滬前往舟山群島時，經過普陀，還特地與蔣經國上普陀山，專訪「普濟寺」。

相 3-35　觀音佛祖。
資料來源：周秀慧攝。

---

112 戴晴主編，《普陀觀音聖誕法會》（臺北：漢聲，1992），頁 2。

113 林繼中釋譯，《中國佛教名山勝地寺志》（臺北：佛光，1997），頁 65。

114 秦孟瀟主編，《四大名山：五台山、峨眉山、普陀山、九華山》（臺北：珠海，1989），頁 7。

　　國府決定撤離大陳時，並沒有強迫大陳諸島居民全部離開。當時大陳防守司令劉廉一估計四、五成島民跟著部隊離開，政治部主任兼行政督察專員沈之岳則估計六、七成，但最終是全體選擇臺灣，島民除了害怕受共產黨統治迫害以及感念國府對島上的百姓照顧，另外還有一項原因就是島民對觀音尊崇，並深信島民能夠全體平安撤離來到臺灣，是得到觀音菩薩的指示。

　　1954 年的中秋夜，幾位住在下大陳南坑的善男信女到「招寶寺」的「觀音壇」燒香禮佛、占卜求籤，數位信眾一連四次求得同一支靈籤，「彌勒菩薩移四方，濟公活佛往天堂；文昌帝君臺中去，三安祖師灣內藏」，乩童推沙盤解說得到「五字明白」四個字，眾人恍然徹悟，菩薩開示解救島民，也就是「移往臺灣」。因此對島民來說，觀音佛祖是解救島民「離苦得樂」的菩薩，在島民的心裡，觀音佛祖地位無比崇高。

　　1976、1977 年間感恩堂從木造靈堂，整修建造成簡單磚瓦，隨即加入原鄉的觀音佛祖與「三官大帝」祭祀。大陳的村民用宗教的方式，解釋自己的故事；從原鄉的宗教信仰，看到了島民在歷史文化的底蘊。每年有三次觀音佛祖的盛會，分別是農曆二月十九日的觀音誕辰、六月十九日的觀音得道日、九月十九日的觀音涅槃日，都是原鄉凝聚的重要時刻。對「大房子」的人而言，觀音

相 3-36　報導人周普法每天對牆上的菩薩相片念經。

資料來源：周秀慧攝。

是原鄉的信仰，沒有任何神尊的地位能比得上觀音佛祖，第一代建立
「蔣公感恩堂」的發起人周普法說：「家鄉觀音的神格比蔣公崇高，主
祀理當是觀音。」[115]

　　2016 年農曆六月十八日早上九時許，筆者走在「蔣公感恩堂」前
人行道上，豎立著一整排花圈，上面寫著：「恭祝蔣公感恩堂觀音佛
祖聖誕千秋」。計程車一輛又一輛停佇廟口，下車的乘客外型刻意打
扮、頭髮上了層濃濃的髮妝水，腳上穿了繡花包鞋，手提著裝滿水果
的竹籃。觀音聖誕的大日子，廟方提前暖壽，林總幹事開放讓大家娛
樂一番，藉此機會，打麻將贏錢的人，按牌桌抽頭順便當作捐款。清
脆的麻將碰撞和交響樂般的鍋碗瓢盆，此起彼落。中午預計席開八葷
一齋圓桌便飯，廚房的志工婆婆媽媽，已經各就各位，洗的洗、煮的
煮，雖然平日都是家庭主婦的角色，但是遇上了大陳新村的大事，每
個媽媽都變成總鋪師，架式十足。雖然是大房子蔣公廟的熱鬧，但有
好幾位志工阿姨卻是從小房子來幫忙的。

　　整個廟埕，大概有近十桌上下的麻將文化，正如火如荼地展開。
當然好多臉孔，也是來自小房子的人。其中，有一牌桌，是報導人陳
秀娘與她遠從香港回臺聚會的親戚，陳秀娘告訴筆者，「姐姐一年只
回來參加一次觀音聖誕。」[116] 那麼，對不會打牌或不想打牌的人呢？
廟方也準備了卡拉 OK 紓解。液晶螢幕和音響放在堂前下，供來賓點

---

115 報導人周普法，1921 年次，出生地：下大陳，口述並錄影。採訪日期：
　　2017 年 4 月 7 日。周普法是「蔣公感恩堂」發起人之一，至今也是第一代
　　唯一生存者，他提到家鄉觀音的神格比蔣公崇高，主祀理當是觀音，而且
　　周先生曾在鼓山區車禍被計程車追撞壓過，結果腳踏車毀損，人卻毫髮無
　　傷，感恩觀音菩薩當下拯救。
116 報導人陳秀娘，1964 年次，出生地：臺灣，口述並錄影。採訪日期：2016
　　年 6 月 22 日。報導人為大陳媳婦。

唱，不管歌聲悠不悠揚、嗓門宏不宏亮，有的人閉眼高唱、有的坐著欣賞、也有的翻著簿本，選歌較量，三三兩兩……，演唱完畢，並沒有得到如雷的掌聲，因為一旁的廟埕，可以聽到洗牌和麻將的碰撞。此時此刻，「蔣公感恩堂」的畫面，有志工忙著煮餐、有人在洗盤、有人忙著點唱、有人在打牌，甚少看到信徒對菩薩上香禮佛，感恩堂內部也沒有任何拜經誦懺。筆者觀察觀音菩薩的聖誕千秋，比較像是大陳同鄉聚會聚餐，老鄉在牌桌與餐桌上聊著家人孩子、也談論彼此身體近況，因為家鄉的信仰舉辦的定期廟會，異地新生的宗教活動逐漸成為「大陳人」群體認同化的活動了。

相 3-37　原鄉麻將文化。
資料來源：周秀慧攝。

相 3-38　卡拉 OK。
資料來源：周秀慧攝。

廚房的旁邊有一間倉庫，地上一箱箱印著「千富食品行－臺灣 Q 饅頭」，靠牆邊的平臺上有數不清的一包包糯米飯。這是要送給來廟裡拜拜的、或幫忙的信徒，算是伴手禮回贈，在大陳原鄉的習俗，叫做「宵食」。一包包的糯米飯是志工們昨天清洗泡水一整晚，今早上 6 點不到，就開始蒸煮的。

聖殿內主祀「觀音佛祖」，左邊是「蔣公」，右邊是「三官大帝」。擺放的祭品，如：鮮花鮮果、飲料糕餅，沒有牲禮，和比較特殊少見的由大陳人用紙摺的金元寶、蓮花，手工很細緻，沒有仔細看，還會

認為是機器成型製造。對於這些大陳鄉親製作的紙摺品，報導人林春生還說著：

> 桌上的元寶、蓮花都是村民摺的，一邊摺一邊念經文，嘴巴不能停，不會念經的，就念阿彌陀佛。但是我們一般都會念的是《白衣大士神咒》，另外，還有《大悲咒》、《心經》、《高王觀世音真經》。廟裡也有提供點光明燈，我們大陳和本省不一樣，本省人是每年年初過年的時候，我們是從六月開始，「大房子」的廟剛開始就這樣了，以六月為基礎，提供點燈。[117]

一週後，筆者問起林春生關於這次觀音壽誕的收支情況，他說：

> 我們捐款每次都差不多這樣，不會虧本，會有盈餘，但是如果（農曆）九月辦平安宴，一定會虧本。他們（案：小房子）辦平安宴，每次也都會虧。我們這次捐款 37,000 元，吃飯花掉 6、7 萬，香油錢跟麻將抽頭加一加，大概剩一萬多。

> 大陳對於神明誕辰的慶祝會提早在前一夜裡，晚上 11 點子時開始慶祝，有暖壽的習俗，大房子蔣公廟這裡有可以睡四十多人的通鋪，提供從林園、臺南、五甲各地來參加神明誕辰的大陳鄉親住宿，所以以前吃完平安宴後，會等到約 10 點、11 點才發「宵食」給護壽的信眾，鄉親拿到「宵食」後才會去休息就寢。但是，後來考慮這些大陳長輩大多往生，年紀大的只剩下幾個人，不敢在外面住宿，所以前一晚上辦平安宴，結束約 8、9 點左右，就贈送宵食給信眾帶回，免得時間拖太久折騰老人家。

---

117 報導人林春生，1952 年次，出生地：下大陳，口述並錄影。採訪日期：
　　2016 年 7 月 21 日。

我們在原鄉也有「宵食」的習俗，所謂的「宵食」，就是熟糯
米飯，因為糯米具有黏性，有發的意境，期望信眾吃完平安
宴，拿到「宵食」，可以發財順利、平平安安。到了後期，還
增加蛋糕、饅頭、飲料……，這些都是信眾來廟裡許願，可
能因為生病、工作、家庭等不順利，祈求透過眾人加持，給
予信眾的結緣品。所以廟方只有提供糯米飯，其餘都是後來
演變的。

我想再過五年、十年以後，來吃平安宴的人愈來愈少，他們
年紀大的會虔誠來拜拜，但像我兒子……對這個……無所
謂，他不像我們這樣，我估計人數會愈來愈少。[118]

筆者觀察實踐新村舉辦的觀音聖誕祭典，沒有任何祭拜儀式，供
品除了鮮花水果、餅乾、飲料、茶水，在供桌上擺放最多的是紙摺的
大小金元寶與蓮花，都是大陳長輩們用雙手摺製、口念經文的作品，
對大陳人來說，這些元寶與蓮花透過經文的加持，「它」的重量增加，
這是對佛祖至高無上的敬意。

大陳諸島的島民有參加廟會的習慣，而且神明壽誕的前一晚會幫
神明暖壽，這是來自於浙東的習俗。2016 年農曆九月十八日觀音誕
辰暖壽當晚，「蔣公感恩堂」席開素一、葷二十桌，與會人士來自各
村落、還有從美國回來探親的大陳子女堅持吃完明天才回去。林春生
提到廟裡觀世音菩薩的一段小插曲：

早期參加的人數真的很多，我們也是設立舞臺唱歌跳舞，可
是後來長輩往生、生病或行動不便，人數漸漸少了，就沒有

---

118 報導人林春生，1952 年次，出生地：下大陳，口述並錄影。採訪日期：
2016 年 7 月 28 日。

考慮舞臺了。最主要還有一個原因，我們有個會通靈的大陳鄉親，告訴我們跳舞的女子穿著清涼，找男生摟摟抱抱，對觀音很不尊敬，再這樣搞下去，觀音就不繼續在這邊了。

聽我們通靈的大陳鄉親提過，我們的觀音原神是從惘恖寺過來的，當初惘恖寺一直蓋不好，所以觀音就來我們的廟。這位通靈的大陳鄉親我們都叫她小惠，大概七十歲了，她說她是王母娘娘的女兒，住在後勁，只要有觀音誕辰（一年三次），都會來大房子蔣公廟這裡，讓大陳鄉親問事，純粹服務性質，只有這三天，這種情況維持了十幾年，直到六、七年前，她兒子癌症過世後，受了無情打擊之下，就不再過來廟裡了。她也不屬於廟的神職人員，只是奉獻服務鄉親，一年三天。[119]

置身在「蔣公感恩堂」的廟埕，開桌前，有耆老唱著卡拉 OK，來賓熱烈鼓掌，也有好多位來自其他大陳新村的長輩與實踐新村的長輩相互問候話家常。因為採認桌制，也就是事先須跟廟方預定桌數，採獨資或與他人均分都可以，雖然每一桌成本價臺幣 4,000 元，認桌的公訂價則是 5,000 元，樂捐隨意。鞭炮聲響，卡拉 OK 停止，大夥兒上座開動，菜餚精緻，適合長輩咀嚼進食，看得出來廟方的用心款待。等到上菜過半時，廟方林春生總幹事與工作人員到每一桌賓客前答謝致意邀約明年見，與會人士從不勸酒，都以茶水代替。認桌通常是至親，所以有些長輩一邊吃一邊打包，沒有什麼好不好意思的面子問題，長輩手腳俐落，吃完龍蝦不久，一會兒紅燒蹄膀入袋、一會兒荷葉紅蟳米糕打包、一會兒一盅魚丸湯也處理好，因為手上拿著炸雞

---

119 報導人林春生，1952 年次，出生地：下大陳，口述並錄影。採訪日期：
　　2016 年 11 月 18 日。

腿，最後散場前的巧克力雪糕，乾脆整盒未拆封帶走，當然在信眾離開時，廟方會將「宵食」一一送到每個人的手上。沒有舞臺歡樂，但場面溫馨，會場都是各桌之間講話的聲音。

　　各族群團體被認為是平等的，有權保存自身的文化傳統。多元文化主義頌揚差異。多元信仰的宗教教育、儀式表演和宣揚各族群傳統美食，變成教育政策的一環。[120] 大陳島民對故鄉的記憶，透過宗教信仰、佳餚展現原鄉的文化，然而在臺灣生活了超過一甲子，或多或少也影響大陳的文化內涵，但卻更豐富臺灣多元的文化資源，我們當學習更多認同與分享，才能讓文化呈現多元的新風貌。例如：大陳原鄉沒有紙摺的大朵蓮花，但是來到臺灣後，大陳長輩跟著臺灣人學習手作蓮花；還有廟埕的一端打著麻將娛樂，另一端卻拿著麥克風點唱臺灣 1970 年代風靡的歌曲「小城故事」、「美酒加咖啡」、「我的一顆心」，表情加上動作，如癡如醉。平日的「蔣公感恩堂」肅穆寧靜，甚至很少看見香客參香祭拜，然而只要是觀音壽誕日，安靜的廟埕便會出現打麻將和歌唱，這種在觀音主祀的廟體產生的娛樂現象實不多見，觀音佛祖應該是莊嚴、慈悲、受人敬畏的，可是在「蔣公感恩堂」的空間，麻將與歌唱吸引了原本來參加觀音聖誕的信眾之目光，通俗文化的儀式支持了此行為的解放，宛若「制禮作樂」的漢民族嚴肅苦悶造成的「為禮作樂」，成就了一種特異的臺灣次文化。[121]

三、有關蔣中正的靈異傳說

　　談到蔣中正的靈異傳說，就要談談 2012 年 11 月 2 日廟方舉辦法會之前說起。在「蔣公感恩堂」旁從事幼兒啟蒙教育已九年的曹淑萼

---

120 Chris Barker 著，羅世宏主譯，《文化研究：理論與實踐》，頁 518。
121 夏鑄九著，《空間，歷史與社會：論文選 1987-1992》（臺北：臺灣社會研究雜誌社，2009），頁 157。

園長,她說:

> 我是 2009 年來附近任教,發現有些靈修團體陸續出現在蔣公廟,他們每次來的第一句話都說:「是蔣公叫我來的。」因為這幾個靈修團體都說自己是觀音的代言人,觀音受到蔣公請託,希望他們能夠在蔣公廟出現。我們聽到後其實半信半疑,因為大陳人拜蔣公是出自於尊敬感恩,並不是把蔣公當神明。我記得有個靈修老師來廟裡跟我們分享,他們打禪靈修時,蔣公用浙江話要靈修老師來海邊的廟找蔣公,可是這位靈修老師拖了好久才來。

> 另一位是鼓山菩提苑的住持,本來還去西子灣行館那邊找,後來問人才知道旗津這邊有蔣公廟。住持進廟後跟蔣公說了一些話,然後就跟我們說:「蔣公說要做法會,因為二次大戰或國共內戰的國軍陣亡將士希望得到蔣公停戰的令,讓這些含怨往生的法界眾生,受攝正法引渡離苦超拔。因為蔣公法力不強,所以拜託觀音幫忙。」

> 後來有位住在楠梓的通靈者也來蔣公廟說同樣的話:「蔣公希望能有人幫忙作法會,超渡戰士孤魂,夢到蔣公抱怨神像腿太細。」後來廟方覺得有多個靈修團體來廟裡都是說同樣的話,就跟村民開會討論,最後大夥同意幫忙蔣公完成法會並換金身。因為一場法會所費不貲,廟方與村民協力用紙黏製「法船」。[122]

---

122 報導人曹淑萼,1958 年次,出生地:臺灣,口述並錄影。採訪日期:2017年 4 月 7 日。報導人是 1949 年海軍造船廠遷徙的山東遺眷。

相 3-39　觀音法船─「慈航號」。
資料來源：「蔣公感恩堂」提供。

相 3-40　「蔣公法船」─「仁德中正號」。
資料來源：「蔣公感恩堂」提供。

筆者後來去電鼓山菩提苑的林麗珠詢問，約五年前是否到過旗津「蔣公感恩堂」一事，她說：

> 確實去過，而且也是機緣，我門下很多信徒也來自大陳。[123]

當筆者想進一步提問法會的情景時，林麗珠表示不願再回應而作罷。

2012 年 11 月「蔣公感恩堂」廟方打造一座三‧六尺的蔣中正金身，主持儀式的是閩南通靈者游春美女士，原本是基督徒，因為時機到了，蔣中正頻頻託夢，於是當她主動跟廟方提更換金身一事，廟方同意並偕同村民一起合力黏製「法船」。游春美說：

> 去年底終於找到適合樟木，參考蔣介石中年穿軍裝照片，重塑全新神像而且神像原只是軍裝坐姿，雕好後蔣又下旨要求一頂軍帽。此外，蔣公掛念早年跟隨他出生入死的弟兄，希望能渡化三軍亡魂，信徒還為此手工黏製「法船」，安座後要渡化「法船」、搭載數萬戰士同歸極樂。[124]

「法船」是用一層層的紙堆疊而成，當中放入五穀雜糧、山珍海味、紙蓮花和紙摺的金元寶等，燒化「法船」引領陣亡將士「遊天河」，前往西方極樂世界。雖然是以蔣中正之名舉辦的法會，然而，廟方在黏製「法船」之際，也同時為觀音黏製一艘較大的法船─「慈

---

123 報導人林麗珠，電話採訪日期：2017 年 4 月 14 日。報導人是高雄市鼓山菩提苑住持，菩提苑主祀千手千眼觀音。

124 「蔣公感恩堂」2012 年 11 月 2 日法會光碟片記者採訪；〈蔣公頻頻託夢？燒法船超渡將士〉，《中華電視公司》，2012 年 11 月 2 日。資料檢索日期：2017 年 3 月 1 日。網址：http://news.cts.com.tw/cts/general/201211/20121102 1133047.html#.WONkoG996M8。

航號」，觀音的神格崇高，借力使力，並選在觀音誕辰舉行，幫助蔣中正完成心願。

林春生也提到「金身」一事，他說：

相 3-41 「蔣公金身」，尚未開光。
資料來源：「蔣公感恩堂」提供。

在原鄉，如果廟整修落成或遇神明更換金身，我們習慣辦法會，這樣對廟和村民會比較好。當初蔣公的金身費用 42 萬，大陳鄉親和曹園長跟她的妹妹共襄盛舉的，我堂弟就捐了十餘萬。而且將先前的神像搬下來時，我們發現蔣公的背面下半身都被蟲蛀。[125]

筆者追問靈修團體後續，廟方表示蔣公法會過後，甚少有靈修團體再拜訪「蔣公感恩堂」了，反而是旗津觀光地區的陸客團好奇參觀，林春生的妻子周金鳳說：

政黨輪替前，旗津每早不到 8 點就有 2、30 輛遊覽車前來，不少陸客就近到感恩堂參觀，也會投香油錢；但 520 政黨輪替後，遊覽車幾乎沒了，偶爾只有幾個大陸背包客按圖索驥而來，前後差很多。[126]

---

125 報導人林春生，1952 年次，出生地：下大陳，口述並錄影。採訪日期：2016 年 11 月 26 日。「蔣公感恩堂」總幹事。

126 〈旗津蔣公廟　神蹟傳說最多〉，《中時電子報》，2016 年 10 月 31 日。資料檢索日期：2017 年 3 月 1 日。網址：http://www.chinatimes.com/newspapers/20161031000352-260107。

報導人林春生分享一則蔣中正託夢趣談，他說：

大房子那邊有個跟我同年的太太過來跟我說，她夢到蔣公並
跟我說：「你好幾天沒掛國旗了。」

還有另一件有趣的事情，就是蔣公的軍帽。起初，金身做好
後，蔣公身著軍服、戴軍帽，我想說軍帽戴上很好看又威
嚴，就一連數天沒有拿下來。結果也是有人跑來跟我說蔣公
說：「他的帽子沒有拿下來，就要一直出巡，好累好累，無法
進入廟裡休息。」爾後我才會固定初一、十五幫蔣公戴帽，讓
蔣公出巡。

而且很有趣的是，初一、十五幫蔣公戴帽前會上香稟告，會
先幫蔣公洗臉抹頭，把蔣公的灰塵擦乾淨才能夠戴上軍帽；
等到當天傍晚 5 點至 6 點要脫軍帽時，我自己一定要先洗過
澡，並且擲筊跟蔣公請示後才能夠脫軍帽。說來奇怪，如果
我沒有洗澡來做此事，怎麼就是擲不到聖杯，真的很神奇。
這個程序從蔣公換金身後就一直持續到現在。[127]

大陳人感念蔣中正福澤而蓋建「蔣公感恩堂」，這種身分的認同能
製造英雄，特殊人物同時給人一種遙不可及卻又近在咫尺的感覺，琢
磨不透卻又和藹可親。[128] 在舉辦此次更換蔣中正「金身」與超渡亡魂
法會前，「蔣公感恩堂」從未舉辦過任何有關蔣中正的祭典活動，頂多
是蔣中正誕辰日鮮果祭拜。然而，此次的隆重祭典，可能是全臺甚至
舉世無雙將蔣中正更換金身後，還舉辦法會的極致昇華。現在如果有
特地來廟拜拜的信眾，廟方都會問一下是從哪裡來的？為什麼來呢？

---

127 報導人林春生，1952 年次，出生地：下大陳，口述並錄影。採訪日期：
　　2016 年 11 月 26 日。「蔣公感恩堂」總幹事。

128 Jean-Jacques Courtine 主編，孫聖英等譯，《身體的歷史》卷三（上海：華東
　　師範大學，2013），頁 267。

第四節　大陳人與周遭聚落間的互動

一、大陳人與閩南人、「外省人」的互動

　　蔡佳菁談到自己蔡氏祖先從福建泉州輾轉遷徙到臺灣「高雄州岡山郡彌陀庄蚵子寮字下蚵子寮 128 番地」，由於第二次世界大戰，左營海軍擴建，蔡姓家族於 1940 年從下蚵仔寮（今梓官區）搬移到大汕頭（今旗津區南汕里），後來因為此處漲潮，海水倒灌之故，再於 1947 年搬至「沙仔地」（今旗津區實踐里）；隨著「海軍第四造船廠」擴建徵地，蔡姓家族於 1988 年，再度遷徙，從「沙仔地」搬至龍海社區國宅（今旗津區中華里）。蔡佳菁說：

> 我阿公把援中港的土地賣了 400 元後，搬到旗津的大汕頭，後來因淹水問題，在 1947 年又搬到沙仔地，就是小房子附近，所以我印象中在幼稚園、國小要去上課時，從中洲三路 374 巷進出，會經過大陳人住的地方，小時候還看過留著辮子、長鬍鬚的大陳爺爺，過個幾年也不再看到了。

> 那時我們住的地方都是未登錄地，政府也沒有資料，父執輩教育程度有限，二伯當時還唸「暗學」（臺語，類似私塾，晚上教）三個月，何況祖父也不識字，不懂跟政府登記土地資料。最後政府清查時就歸為公有土地，海軍需要土地，說要給美國第七艦隊使用，因此補償地上建築物的費用並安置我們到龍海社區。[129]

---

129 報導人蔡佳菁，1970 年次，出生地：旗津，口述並錄影。採訪日期：2016 年 10 月 24 日。報導人為《戰爭與遷徙：蔡姓聚落與旗津近代發展》的作者。

　　1947 年蔡姓家族遷徙的「沙仔地」有九成是蔡姓家族的聚落。國共作戰後期，時局變化，1950 年 1 月「海軍第一工廠」奉命遷臺並在於高雄港旗津復廠「海軍第一工廠」，後擴編更名為「海軍第四造船廠」，隨廠員工與眷屬眾多，在廠區附近陸續興建「浦口新村」、「定海新村」、「長塗新村」、「長風二村」四個眷村，及單身員工居住的「技工宿舍」容納。

　　1955 年美援會贈予大陳人的房子在實踐里北汕尾巷，旗津大陳實踐新村分成「大房子」與「小房子」兩區。「大房子」有六棟碼頭工人住屋、兩棟船舶修建合作社社員住屋，「小房子」有十棟碼頭工人住屋，合計十八棟，一家五口以上住「大房子」，四口以下住「小房子」，蔡氏家族種植番薯、種菜的園區從此成為實踐新村「小房子」的地方。至此，「沙仔地」成為 1947 年「蔡姓閩南」、1950 年的「海軍造船廠外省」、1955 年的「大陳」這三個群體結合的聚落。見圖 3-12。

　　「沙仔地」的聚落環境，筆者對於三大群體相處之情況非常好奇，蔡佳菁說：

> 我們很少看到父母跟大陳人或外省人特別好，但村子的人相處算融洽，沒有什麼大的爭吵。有些社區婦女活動，像海岸公園跳土風舞、學校與區公所的婦參小組，需要婦女代表出面時，外省的一定有劉小鳳、大陳是賈冬妹、閩南是家母蔡謝雲鳳。彷彿一個族群、一個代表。

> 上學後，學校規定說國語，才認識「大陳仔」的同學，記得以前還跑去一家姓翁的大陳同學家裡玩耍，玩到忘記中午要帶飯盒去學校給姊姊，害姊姊餓肚子。[130]

130 報導人蔡佳菁，1970 年次，出生地：旗津，口述並錄影。採訪日期：2016年 10 月 24 日。

圖 3-12 「沙仔地」三大群體聚落分布圖。
資料來源：GIS《臺灣百年歷史地圖》之 1969 年高雄市舊航照影像圖，周秀慧
繪製示意圖。

　　蔡姓閩南家族與大陳住家生活圈僅一線之隔，但有明顯的不同。
遇到親戚講臺語，大家很熱絡。但如果遇到「大陳仔」，他們講的浙
江話都聽不懂，也沒有互動。雖然跟「大陳仔」住得近，但彼此根本
不認識。[131]

　　另一位陳貴美，因為先生工作的關係，租賃在「小房子」區。陳
貴美談到她與大陳人幾乎零互動。她說：

---

131 蔡佳菁著，《戰爭與遷徙：蔡姓聚落與旗津近代發展》，頁 93。

我不跟大陳人講話的，我做我自己的事，我從不在外面跟他
們大陳人聊天，尤其，大陳的廟會我也從不參加，他們也從
來不會邀請我們，我在這裡住四十五年了，從沒有去報恩觀
拜過一次。[132]

陳貴美除了不與大陳人互動，更表達從未參與過新村內的廟會平
安宴，連廟宇二樓上的三大神明都未曾祭拜過。針對閩南人的採訪以
外，另外，對於新村內的少數「外省人」，筆者也很好奇他們與大陳
人的相處模式。

曾經歷韓戰，「反共抗俄」的戰俘周文光，是江西人，年輕時參
加特考取得旗津區公所的公職，從 1962 年就住在旗津中洲三路巷
子「小房子」聚落區域，有一段時間搬至南汕里，但隨著政府拓寬馬
路、屋子被強拆撤離，最後又租賃到「小房子」聚落區。周文光提起
與聚落大陳人的相處，他說：

以前大陳的老人有幾個聊得來的，還不錯。可是現在老人都
走光了（死），我都九十七歲了，像我這年紀的早都走了，第
二、第三代的幾乎沒有交談、而且比較現實，我也沒有參加
大陳廟會活動。[133]

還有一位住在「小房子」聚落區六十多年的劉文波，重慶人，
1952 年 4 月在海軍第四造船廠任職四十年退休。1959 年隨著新村人
口激增、民生需求提升順勢開了間雜貨店，至今九十三歲高齡每天早

---

132 報導人陳貴美，1953 年次，出生地：林德官，口述並錄影。採訪日期：
　　2017 年 6 月 17 日。
133 報導人周文光，1920 年次，出生地：江西，口述並錄影。採訪日期：2017
　　年 6 月 17 日。

上 6 點不到就開門做生意，敬業精神令人佩服。劉文波提到大陳的熱鬧活動則是興趣缺缺，他說著：

> 我是無神論，我不相信神明，我也不去拜老蔣。雖然老婆是大陳人，但是我從不參加大陳的廟會。[134]

劉文波雖有朝夕相處的大陳老婆作伴，而且又在「小房子」區域做零售生意，但是面對大陳的廟會活動仍是無法入境問俗。

那麼，大陳人跟眷村的相處之道又是如何呢？住在「大房子」聚落區的大陳人賈冬妹分享眷村的孩子愛鬧事，她說：

> 早期這裡有四個眷村，眷村小孩都不聽話的，很愛打架的，還好我的孩子沒有學壞、很乖很聽話。[135]

對賈冬妹而言，眷村的孩子總是帶頭打架鬧事的一群。

那麼，住在「蔣公感恩堂」隔壁的閩南人住戶跟廟宇是鄰居，筆者詢問她們是否曾參與過「蔣公感恩堂」的廟會活動。楊金玉說：

> 我先生是蚵寮人，我嫁來旗津超過一甲子了。我是民進黨，不會去參加國民黨的廟會，而且還是「蔣公」的廟。「蔣公」是人，「大陳仔」把蔣仔變做神來拜，「黑白武」（臺語）。我沒有參加過「大陳仔」的鬧熱。[136]

---

134 報導人劉文波，1925 年次，出生地：重慶市，口述。採訪日期：2017 年 6 月 17 日。

135 報導人賈冬妹，1943 年次，出生地：下大陳，口述並錄影。採訪日期：2016 年 6 月 2 日。

136 報導人楊金玉，1921 年次，出生地：紅毛港，口述。採訪日期：2017 年 6 月 17 日。

另一位住在「蔣公感恩堂」的鄰居，葉薰錦也說：

他們（大陳仔）的生活政府都有補助，當初來也有給他們工作，我不是忌妒，但是政府有給他們在碼頭的工作，收入也不錯。

我嫁來旗津已經四十六年超過了，我沒有參加過大陳的廟會，早期有大陳的老一輩會「寄付」很多錢（功德款），所以「大陳仔」的廟會很鬧熱，結束前會放鞭炮，表示要分送糯米飯，沒有拿到糯米飯的會改拿饅頭，大人小孩通通有獎，所以在村裡聽到鞭炮聲，廟前就一堆機車等著拿糯米飯，即使沒有添香油錢，都可以拿糯米飯，我有空也會去拿。現在沒有了，要參加辦桌才有糯米飯。我以前曾在觀音誕辰去祭拜，但是對於「蔣公」就沒有拜過了。[137]

「蔣公感恩堂」的鄰居對於大陳人祭拜「蔣公」認為不可取，因為蔣中正是人，不是神；而且老蔣帶大陳人來臺灣，給予他們工作、又給住屋，讓人很羨慕。至於廟會的祭拜活動也沒有興趣。可見，雖然跟感恩堂是鄰居，但是關係並不熱絡。

住在「大房子」聚落區附近，海軍造船廠撤退來臺，出生的第一代曹淑萼說著與村落「閩南人」、「大陳人」的互動，曹淑萼說著：

我念幼稚園和小學時，大約是在 1966 年前的事情，讀小一、小二時，會去蔡姓家族養殖區偷蛤蜊、蜆仔，蔡姓阿嬤會拿棍子出來打我們一群人，阿嬤用臺語說：「你擱來呀，你擱來呀！」

---

137 報導人葉薰錦，1943 年次，出生地：臺南新市，口述。採訪日期：2017 年 6 月 17 日。

我和哥哥每次都偷到一大袋蛤蜊、蜆仔，每次也是被追著跑。但心想著偷回來的海鮮可以幫忙媽媽晚餐加菜。以前我們很窮，內褲都是穿奶奶縫製的「牡丹牌麵粉袋」，其實內褲都當運動褲（外褲）穿。蔡姓的「沙仔地」停靠著舢舨和小型木頭船隻，和他們經營的造船廠。沙灘上都有鐵軌伸到海裡，用機器攪動，方便拖船隻入海用。

我爺爺當初是跟著海軍造船廠的人一起撤退來，但其實爺爺是國民黨的情報人員，所以為了掩人耳目去學做旗袍，然後開「楊柳青旗袍店」，其實是為了取得情報之方便。連方瑀選中國小姐的旗袍是爺爺做的，爺爺是國寶級的，還到實踐大學、復華中學去教學做旗袍，後來爺爺肝癌過世。

而且我們跟大陳人的互動很頻繁，爺爺做旗袍，然後交給大陳人去繡花、縫珠子，奶奶是做盤釦的，旗袍上的扣子，早期婦女穿旗袍，大陳人都來跟奶奶訂盤釦，爺爺做的旗袍都是高級款，連方瑀的媽媽、還有一些貴婦都跟爺爺訂旗袍。奶奶則是跟大陳拿包鞋回來繡花，一雙繡好的工資才兩毛錢，我都還幫忙繡過珠子。以前的生活買菜10塊錢就夠了，我零用錢才一毛錢，記憶中一毛錢買一支黑輪。[138]

曹淑萼的故事讓人回想當年大陳婦女夜以繼日，一針一線撐家計的畫面，所謂「掙一天工、添一道菜」，拼命討生活的家庭代工，也是臺灣人集體的記憶。

---

138 報導人曹淑萼，1958年次，出生地：臺灣，口述並錄影。採訪日期：2016年12月5日。報導人是1949年海軍造船廠撤退的台灣第一代子女。

　　實踐新村隨著家戶群孩子的長大成人、或 1960 年代第二次政府輔導大陳就業人口的移入、或 1969 年起受到「海軍第四造船廠」之勝利一、二號擴建計畫推動，將「沙仔地」一帶的民營造船廠分兩批（1971 年、1973 年）遷廠、1989 年完成蔡姓家族整個遷村、以及港務局多次索討「海軍第四造船廠」四個眷村用地，並於 1996 年完成眷村搬遷至左營高中對面的慈暉新村，「沙仔地」的聚落樣貌明顯受到改變，促成了大陳人口分布非常密集的村落。區長吳永揮說目前旗津大陳人約六百多人。[139] 現任旗津實踐里的里長楊台生說：「老一輩的人會分你是『大房子』的、我是『小房子』的人，總是有說不上的距離感；年輕一代的都自稱為大陳人。」[140]

　　事實上，經過筆者田調得知，早期「沙仔地」聚落裡的「閩南」、「海軍造船之外省」與「大陳」的三大群體相處並不融洽。

　　早期「沙仔地」的小朋友們各自有自己群體的玩伴，每天打架是家常便飯，閩南或外省的小朋友隨身會帶著彈弓，經過大陳的村子時，一定要結伴，最少 5-6 人成行，才不會被大陳人的孩子拿石頭丟，有時外省的孩子打輸大陳的孩子時，閩南的孩子會相挺外省的，一起拿彈弓打大陳孩子。在「沙仔地」的聚落，腳下踩的石頭、沙子都是大陳孩子丟人的「天然武器」，大陳的小朋友會隨口說出：「這是蔣總統的地，不能讓你過。」而且，小朋友打架輸贏的場子有時也會演變成大人互砍。早期大陳村子裡因為有人跑漁船，時常看到大陳人將捕捉的鯊魚骨曬乾，製作成鯊魚劍，所以只要聽到大陳新村的大人

---

139 〈百公尺彩繪巷　訴盡大陳故事〉，《聯合新聞網》，2016 年 9 月 6 日。資料檢索日期：2017 年 1 月 1 日。網址：https://udn.com/news/story/7314/1942115。
140 報導人楊台生，1961 年次，出生地：臺灣，口述並錄影。採訪日期：2016 年 6 月 10 日。現任實踐里里長。

打架，鯊魚劍是必備武器。因此，村民透露他小時候在「沙仔地」盛行的一句順口溜：「大陳仔猴、幹石頭；外省仔豬、操你媽個逼。」雖然鄙俗，但是在當下的時空背景，三個群體的相處情況不言而喻。

至於在實踐新村的「大陳媳婦」、「大陳女婿」當年如何和從大陳島撤退的公公、婆婆溝通相處，或者是為什麼跟旗津大陳人結婚之種種原因，著實令筆者好奇，引發筆者進一步訪談「大陳媳婦」與「大陳女婿」在婚姻中所扮演的角色。

二、實踐新村大陳人與其他族群通婚的情形

報導人陳○娘是屏東九如閩南人，回憶嫁給講台州話的家庭，生活溝通起初聽不懂，多半用猜的。她說：

> 我是跟先生自由戀愛的，先生是大陳遷臺後第一代，我公公是碼頭工，大伯也是，二伯在海四廠上班，我的先生是中鋼的外包商。我嫁來時語言不通，公婆很好，鄉音很重，公公八十幾歲，講話聽不懂，用猜的，而且嫁來時，老公在當兵，都不在家耶。

> 剛嫁來時，這裡的人會叫我臺灣人，這裡的人很好，我公婆對媳婦很好、疼媳婦，大陳村落很好，不像有的公婆很難伺候，他們不會，很值得「呵咾」！我婆婆對我很好，大陳的觀念是媳婦是自己的，女兒是嫁出去，外孫也不一樣，是跟別人的姓，不是自己的種。[141]

---

141 報導人陳○娘，1964 年次，出生地：臺灣，口述並錄影。採訪日期：2016 年 6 月 2 日。

　　報導人陳○○是從美濃嫁過來，帶點客家腔的華語訴說滿腹辛酸，自認為嫁得不好，很操勞。她說：

> 我是從美濃嫁過來，人家介紹的，我嫁給大陳的人，我村莊的人一直講很可惜。為什麼要嫁給「大陳仔」？因為，我做怕了。我家裡有很多田，很辛苦，我不要嫁種田的，農家很可憐。我先生完全不管事，都我自己一人負擔，我嫁的不好，我兒子還說：「媽，為什麼生我以前，不早點離婚呢？」[142]

　　報導人王○○從大陸嫁過來，會說台州話，溝通沒問題，她說：

> 我二十八歲結婚，是人家介紹，以前不是說臺灣很好！我那天晚上坐車過來，我就後悔了。飛機場下來，包計程車過來，在巷子裡轉啊轉，我就想：「哎呀，我的人生完蛋了！這裡那麼偏僻的地方。」在這裡，桌子擺一下就叫卡拉 OK，像個什麼樣啊！這裡的酒席，辦起來不如我們二、三十年前的酒席。臺灣就是原地踏步，沒有進步。臺灣政策對我們很不開放，我差不多十一年才拿到（案：身分證）。[143]

　　報導人戴天來是泰雅族，他說：

> 當時我岳母有點意見，不太贊成我們，她好像會排斥我們原住民。後來，我們跟她溝通才同意的。我的家人都很認同，我們結婚也有聘金和嫁妝。我太太有跟我回竹東的部落，我

---

142 報導人陳○○，1953 年次，出生地：臺灣，口述並錄音。採訪日期：2016 年 6 月 2 日。

143 報導人王○○，1966 年次，出生地：浙江，口述並錄音。採訪日期：2016 年 4 月 23 日。

在五峰鄉大隘村，我常回去，因為那邊還有老家；父母十幾
年前不在了，我才搬到高雄定居。[144]

報導人陳聰吉世居旗津，他說：

我們在就讀旗津國中認識的，算是青梅竹馬，當時是男女分
班。當初要提親時，其實很困擾。我的雙親聽不懂大陳話；
對方也聽不懂臺語，本來要請阿姨幫忙提親，當做長輩代
表，但後來思考了一會兒，乾脆我自己出馬，因為就算不成
功，也只有我自己知道這檔事。所以我帶了瓶茅臺酒，當成
伴手禮前往。

對方的大陳話，我聽不懂半句，實在不曉得女方在說什麼，
也不知道婚事談不談得成，總之，話題結束，剩下的茅臺酒
我自己一人喝完。女方的長輩，見到我喝完酒，還那麼鎮定
地在聊天，可見酒品不差，因此，帶給女方家人極好的印
象，就彼此交往。……我最喜歡阿母（女方的媽媽）做的「鴨
圓」，好好吃，可惜現在都吃不到了。[145]

報導人黃〇〇談到自己年幼失怙後，孤苦無依，只好選擇結婚，
她說：

我三歲沒有媽媽，十三歲沒有爸爸，經媒人介紹，跟先生差
十九歲，他從大陳島撤退來的，我十四歲訂婚後，就過來旗
津住了。結婚沒多久，起初語言不通，沒兩、三天就會回娘

---

144 報導人戴天來，1952 年次，出生地：臺灣，口述並錄影。採訪日期：2016
　　年 8 月 4 日。
145 報導人陳聰吉，1964 年次，世代與出生地：旗津，口述並錄影。採訪日期：
　　2016 年 10 月 14 日。

家，後來有喜了，我又發現老公愛打牌、又沒有錢，所以我
經營雜貨店賣小糖果、切西瓜、菸、酒、煮菜燕（一碗五毛
錢）來經營，那時候這裡造船廠多，員工都會來買東西，生
意好得不得了，但是存不到錢。

他從大陳來就有肺結核，我照顧他很久了，我嫁他時，就有
這種病了。我們賺的錢會給婆婆，可是婆婆都說她沒錢，因
為她把錢都塞給小叔，小叔那時未娶妻，經常賭博又輸錢。
回想過去，我也自殺好幾次。[146]

筆者發現實踐新村從大陳島撤退的大陳人與遷臺後第一代子女擇
偶多數是大陳人，但是實踐新村有些案例是因為男性嗜賭懶做，所以
找不到自己新村裡或其他新村裡的大陳人當老婆，只好媒妁幫忙。陳
○○說明這個情況，她說：

這裡（旗津）有一個職業的、專門做媒，給人家罵死啊！因
為大多嫁得不好，十個看有沒有一個好的，窮啊！大陳的村
莊內，如果哪個男的懶惰，人家都會知道，就娶不到老婆，
所以會到別的地方找老婆啊！美濃的苦是勞力上的苦，我嫁
來這邊是心理上的苦。尪，要吃不去賺，三天捕魚、十天曬
網。[147]

隨著社會流動，大陳的內婚比例下降，因為教育、環境與工作交
流，華語、閩南語順暢流利，同樣的，認識的人多了，擇偶的對象也
往大陳新村的圈外發展。徐春妹說：

146 報導人黃○○，1952 年次，出生地：臺灣，口述並錄影。採訪日期：2016
　年 7 月 19 日。
147 報導人陳○○，1953 年次，出生地：臺灣，口述並錄音。採訪日期：2016
　年 6 月 2 日。

我父母是大陳人、我跟我先生是大陳人，但我的小孩，他們
下一代找的伴侶，都是外地的，他們好就好，愛屋及烏，要
結婚或不結婚，我們不管那麼多了，只要他們開心，我們就
開心。[148]

筆者在實踐新村訪談時，時有耳聞某人的子女從美國回來探親，
甚至看到混血臉孔的小朋友探親大陳的長輩。經由筆者好奇追問，原
來是當年村子裡跳船跳機到美國者或是這些子女的下一代，筆者很好
奇他們移民的身分是怎麼來的？為什麼會偷渡到美國從事黑工？還有
移民者在美國從事的行業？以及移民者的下一代情形？接下來即是討
論旗津的「大陳美國人」或美國淘金夢。

---

148 報導人徐春妹，1954 年次，出生地：下大陳，口述並錄影。採訪日期：
2016 年 6 月 10 日。現居美國。

第四章　移民與再移民的認同矛盾與糾結

當年從大陳島撤退來臺的人士，在反共論述裡有非常高的位置，他們透過國家的輔導機制贏得了「大陳義胞」的尊稱，然而，他們的經濟生活與教育程度，相較於其他「外省人」來說是屬於低階的。語言不通又不識字、身無長物又無專業，捕不到魚、農作物種不出、做生意也不行，因此只剩一條路，就是出賣勞力。

有些大陳人離開了原先安置的新村往城市發展，有些則是從事海員，有機會接觸美國就跳船當偷渡客了。如果「大陳義胞」的意義內涵是以「義無反顧、忠貞保國」來解釋自己的歷史遭遇，那麼對於這群背離臺灣，逃到美國從事黑工的「大陳義胞」又該如何解釋呢？而這群旗津「大陳美國人」對旗津家鄉的認同又是如何呢？

另外，旗津大陳人以「大陳神明」的廟會建構集體的認同外，近年來由社團創造了旗津「大陳美食節」與「海峽兩岸大陳鄉情文化節」的活動，締結新的認同方式。筆者針對這兩個節日對旗津大陳人的影響做初探。

第一節　跳船、跳機事件的意義

一、跳船、跳機美國的個案

經中央黨部第二次輔導就業計畫下，1967 年洽交通部同意招收大陳青年參加海員訓練，結業後分發各船舶公司。海員生活收入高，一時成為大陳青年嚮往的行業，但是大陳子弟礙於學歷低，不得其門而入，於是 1968 年 3 月，[1] 大陳青年上書國防部部長蔣經國，蔣經國

1　陳仁和編著，《大陳島—英雄之島》，頁 258。

於同年 7 月 1 日任職行政院副院長，大陳子弟承蒙其關愛，即使目不
識丁、或學歷低的大陳子弟，只要有航海的志向，皆特准交行政院青
年輔導會破例招考錄取，透過輔導轉業改善家庭經濟頗得成效。林春
生提到當年村民報考海員的情況，他說：

> 以前考船員最少要初中畢業，但是大陳那一批來的人，大多
> 沒有讀書。所以長輩就上書給蔣經國，蔣經國指示交通部，
> 只要籍貫是浙江溫嶺者，一律錄取，不管是什麼學歷來著。[2]

葉○福說起姊夫考上船員，改善家庭經濟的例子，他說：

> 現在約六十多歲的人，剛好有碰上船訓班招收，受訓約 3-6
> 個月期間，結束後就有船員證可以上輪船。那時候最下層是
> 水手、下手或在船上的服務生、二級船員。當初像做旗袍，
> 生意沒那麼好；碼頭工人的也只能糊口，待遇也沒那麼好，
> 但是你如果做船員，薪水臺幣一萬多，那時很好用，加上一
> 點小費，家庭會好一點、環境會好一點。所以一窩蜂往船訓
> 班去，我姊夫就是。[3]

雖然從事海員收益高，生活自由，面對高深莫測的海洋，大陳子
弟總是勇於冒險、接受挑戰。林春生有三十年航海的經驗，退休前的
職務是船長，他談起海上的生活：

> 我曾遇過一個大颱風，印象深刻。我那時從香港卸貨以後，
> 要去新幾內亞，當時一定要經過呂宋，在菲律賓的頭。我在

---

2 報導人林春生，1952 年次，出生地：下大陳，口述並錄影。採訪日期：
 2016 年 7 月 21 日。
3 報導人葉○福，1960 年次，出生地：臺灣，口述並錄影。採訪日期：2016
 年 4 月 29 日。現居美國。

那時收電報，颱風轉向往北走，我們從香港經過呂宋島，剛
好碰上颱風。還好，我們是空船，沒有貨，用慢速頂著風的
方向，經過十四、十五個小時才過去，我們還有碰上在颱風
眼裡面，船速又不是很快，也不能硬頂，速度一定要打慢，
浪一定要在八字方向。假如正頂，船可能會斷；八字方向，
船會橫搖、會穩，慢慢頂，等颱風過去。

這是我唯一一次，真正在海上碰上颱風，還經過颱風眼。颱
風眼就像報章寫的，中心的時候，天氣很晴朗，沒有風、沒
有雨，這是我當三副碰上的事。我從船三副，經過五年後，
升到大副，兩年後，升到一等船長。

後來當船長時，只要有颱風消息，就沒有出港了。像在臺
灣，颱風大多是從東岸花蓮、蘇澳登陸。所以那時，我們在
港內碰上颱風前十二個鐘頭前，船就要出來，不然港內湧浪
太大，船的纜繩會磨斷，會碰上前面或後面的船，而且碼頭
邊有船墊會碰壞。

那時我們的船在蘇澳，曾經碰壞船墊，一個船墊四、五十
萬。所以，我們知道颱風要來，大部分船會開出來，我會開
到小琉球下面去下錨，等颱風過去了再回到港內裝貨。颱風
來，整個晚上幾乎無法睡覺，最安全的就是開船去外面下
錨。不然一個晚上曾斷過十幾條纜繩。如果颱風大，就是用
慢速頂著它。[4]

4　報導人林春生，1952 年次，出生地：下大陳，口述並錄影。採訪日期：
　　2016 年 7 月 21 日。

　　二次大戰結束後，美國與蘇聯長期對峙，為了牽制蘇聯勢力滲入波斯灣，於是儲存戰備石油達七億桶。[5] 阿拉伯產油國為了改變處於弱勢的供應角色，透過石油武器改變美國、英國的中東外交策略，期望影響美國對以色列的政策。他們決定報復尼克森總統在贖罪日戰爭間支持以色列，所以於 1973 年 10 月 17 日當天，宣布禁運石油到美國。石油危機的出現，油價高漲，幾乎沒有一個家庭不受影響，石油的短缺帶來不安全感。

　　航運事業不振，裁員隨處可聞，船員覺得工作沒有保障，更強化大陳青年紛紛登岸美國，凡有華埠之處，就有中國餐館，工作機會多。而且在 1970 年代臺灣推行十大建設，臺中港、蘇澳港、造船廠陸續展開，商船貨運業興盛，船員的需求增加，許多大陳青年只要有機會跑美國線的商船，多數放手一搏，船一靠岸美國的港口，如：紐約、波士頓、華盛頓，下地後就不回船上了，因此稱作「跳船」。

　　後來大陳人被列入黑名單，只要是浙江溫嶺，船公司就不讓你跑美國線，有些大陳青年透過第三國家轉機；或是 1979 年政府開放觀光，許多大陳人的配偶、親屬以觀光探親或商務考察名義，合法入境、非法居留，在此稱作「跳機」事件。

　　「跳船」、「跳機」者多數在華人餐館過著黑工身分，從洗碗、打雜、油鍋、抓馬（配菜）、炒鍋（分二鍋，多點錢；三鍋，差一點）最後到大師傅，每個階段有不同的待遇。夫妻生活兩邊，在臺灣的太太為了生存，只有睜一眼閉一眼，孩子好幾年才見父親一面，回臺只為奔喪也時有所演。

5　麗莎・瑪格內莉（Lisa Margonelli）著，謬靜芬譯，《無所不在的石油經濟：從加油站到油田，沿著輸油管看世界》（臺北：先覺，2008），頁 149。

陳香珠說村子裡有人跳船後，家庭離婚的也不少，只是這種醜聞不想多講，陳香珠說：

> 某某人跳船後在美國又組家庭，生了一個女兒，這事傳到臺灣，臺灣的老婆後來吵著離婚，我就勸她想開點。臺灣人也有三妻四妾，妳老公在美國，那麼遠，他都有寄錢回來，忍下來，孩子要顧好最重要。[6]

大陳窮，來臺灣什麼也沒有帶，1970 年前後跳船美國的大陳青年，一個拉一個，下地就不上船了。對於當年大陳人跳船到美國奮鬥的情況，葉○福說：

> 早期紐約的江浙菜通常都是我們臺灣的大陳人過來開的館子，生意很好做，又常缺人。老鄉跳船去餐館打工都會被照顧，一個介紹一個，尤其大陳人很吃苦耐勞、又肯做，所以受歡迎，也很會存錢，都有機會當老闆。[7]

筆者訪談這些跳船、跳機美國的當事人或家屬，他們為了在臺灣的家戶群能夠擁有更好的生活品質，都不惜一試非法移民。雖然政府有安置計畫，然而計畫趕不上變化，這些跳船、跳機的大陳人，生活面臨極度窮困，上有長輩，下有子女，食指浩繁的家戶群，生存面臨危機，對於身無長物的大陳人來說，跳船或許可以改變窮苦的命運。這種刻苦耐勞的島民性格，或許與世居海島，生活隨時承擔極高的風險，所以有勇於接受挑戰的天性。

6　報導人陳香珠，1945 年生，出生地：下大陳，口述。採訪日期：2016 年 11 月 14 日。

7　報導人葉○福，1960 年次，出生地：臺灣，口述並錄影。採訪日期：2016 年 4 月 29 日。現居美國。

這些跳船、跳機美國者的故事有些成功移民，申請臺灣眷屬取得美國身分，他們的子女在美國受教育且組成家庭，並延續下一代，然而他們的成功移民並不是代表一切順遂，有人因為迷上賭博，所有經營的事業最終一場空；有些人等不到身分，最後終究回臺灣共享天倫。總之，這些跳船、跳機者的背後，都有一段深刻感人的生命史。茲將訪談個案分類如下：

個案一

先生跳船，太太跳機，數年後將孩子接到美國居住，其中，報導人存到錢開餐廳，現為退休人士，臺、美兩地居住的案例。

報導人陸〇順 1980 年跳船，第九年就創業當老闆。回憶起黑工身分被移民局銬手銬抓走的畫面，彷彿歷歷在目，他說：

> 退伍下來，做了臨時工，沒學歷、沒手藝，工作很難找，後來政府招考海員，很關照我們大陳人，所以我考上了跑船員。起初跑油輪比較多，像：阿拉伯、伊拉克、日本、韓國、義大利、德國。後來跑近海，跑菲律賓、印尼，載木頭過來臺灣。後來跑貨船，有機會到紐約就下去了。大陳人的心，很刻苦，很多人就跑到美國奮鬥。

> 我是 1973 年考上的，1980 年上岸。後來我賠償船公司機票，寄回去給公司，因為合約還沒滿，大概賠償美金 600 元。上岸後很苦，開始是洗碗，一直慢慢升上去。美國的老闆是很苛刻的。如果工作表現不好，不努力不行。我告訴自己一定要刻苦努力，四年就做到大師傅，第九年就開店了。

> 我曾在哈佛校區旁邊的餐館被移民局抓到，還銬手銬。被抓

走的當天，老闆花 7,000 美元把我保出來，我自己也有請律師。第二年剛好碰到大赦。我們全家後來都拿到公民的身分，因為要拿到公民，還要考試，用中文考。

孩子都不願意接餐館的經營，老大跟他老婆兩個人從事網路的生意、做物流。老二在波士頓唐人街租個店面，月租大概 6,000 美金，從事美髮行業，一個店裡含他自己，共四個人。老三從事調酒，在酒吧，他自己有一技之長。小的已經二十八歲了，從事自由業，在波士頓機場開車接送，是服務業，像叫車的服務。[8]

　　陸○順的配偶徐○妹在 1982 年跳機美國，出國前先安置三個小孩交給住在旗津的媽媽幫忙，獨自搭機萬里會夫，她說：

外子在 1982 年大赦時，老闆給他辦身分工作證，那時，他拿到身分後，所以我 1982 年用觀光身分去美國，合法入境、非法居留。我們不到十年的時間，就在波士頓猶太區、Sarun，是高級的 Town，開了第一家餐館，生意很好，開了十年，又開了第二家。但是後來遇上油價上漲經濟不景氣、物價提高也影響消費需求，所以第二家餐館虧了錢，約五年後，我們就結束掉了。第一家經營二十二年的館子在約 2010 年間賣掉了。

我們黑工的生活是膽顫心驚的，有人會威脅你、恐嚇你，要叫移民局來抓。所以有的人會躲在冷凍冰箱、有的躲廁所、有的躲宿舍，不敢來上班……，那時候真的很心酸。有的還

8　報導人陸○順，1946 年次，現居美國，出生地：下大陳，口述並錄影。採訪日期：2016 年 6 月 10 日。現居美國。

是自己起內閧。比如：你跟我相處不好，雖然都是師傅，但我有身分了，我就挑釁你，你不要頂我還好，如果頂我，我就不爽，小心我告到移民局來抓，所以黑工的生活是寧可委曲求全、讓一步。

在美國生活很枯燥，早上 10 點起床，11 點餐館就開門，Set Work，11 點半，客人進來，晚上 10 點下班，週五、週六晚上 11 點下班，生活很枯燥，下了班就回宿舍，洗個澡、看個電視就睡覺，中國餐館都這樣的。

我第五個小叔也是在美國，他是辦觀光名義去了十幾年，後來在美國結婚，有身分了。

我大妹妹與妹夫也是在波士頓，當初也是用觀光名義去，合法入境、非法居留，現在都有身分了。我妹夫是在廚房，我妹妹做 Waitress，不要看她矮小，她賺的比大廚師還要高。生意好、動作快，小費高，有的打私產、有的打共產。她的薪水不會輸給大師傅。私產就是這一桌，你打你的，小費也是你的；如果打共產，就是合著的，比如五臺桌子，我們兩個服務這五桌，賺來的小費，我們兩個平分。

外子六十六歲退休，我是六十二歲退休。美國六十二歲就有資格可以辦退休，六十二歲領 80% 退休金，六十六歲領百分之百。現在他可以每個月領 1,200 元，我領 650 元，兩個人合起來約臺幣 6 萬不到，在臺灣生活是很不錯了，在美國生活也可以啦。[9]

9　報導人徐○妹，1954 年次，出生地：下大陳，口述並錄影。採訪日期：2016 年 6 月 10 日。現居美國。

個案二

是因為當初在臺灣有龐大醫療費與貸款的壓力，迫使先生跳船、太太跳機，經過十多年後，終於全家團圓，現在在美國開餐館，孩子幫忙傳其衣缽。

報導人葉○蓮談起先生跳船、自己用觀光名義探親打工的生活，她說：

> 家父重病，看病需要花錢，大弟當兵、妹妹半工半讀、貸款付不出、生活困難，幾經考量，外子在跑船數年後只好跳船。當時，外子跑船的薪水一個月只有 6、7 千元，對家父肝硬化、需要大筆醫藥費的家庭，宛若是杯水車薪。

> 1980 年外子跳船，他的二哥幫忙接應，因為他的二哥早已跳船在德州休斯頓做廚房。當初船公司罰款我們臺幣 15,000 元，也來電話問我：「先生跑到哪裡？」其實船公司都知道，大陳跳船的人很多，也不會回去了。這間船公司是我舅舅幫忙找的，「益利船運公司」，有跑美國線。舅舅刻意安排的，不然，船公司如果有美國線，是不給大陳人跑的。所以船一靠近加州長堤（Long Beach），就跳船了，上岸後到德州二哥附近從事洗碗、打雜。後來就到田納西那邊去做抓馬，錢多一點了。

> 1981 年我以觀光名義入境，非法居留，沒多久我介紹我叔叔跳船。當時兩個孩子都是交給旗津的母親幫忙照顧。直到 1984 年 1 月通知家父病危，我花了近兩年的時間留在臺灣，陪伴母親走過傷痛。

外子1989年拿到綠卡後，才回臺灣看多年不見的孩子和家人，那時候沒有現在方便的通訊網路，思念家人的心情極苦。直到1991年後，我帶著十四歲的小兒子赴美、又等大兒子服完兵役後赴美，全家才算真正團圓，現在都是美國公民。

我們1990年和1991年在密西根州都開了餐館，後來有盤一間給人，現在剩一間館子，"CHINA INN"（中國樓）。我們的菜色是美式中國菜，比較精緻的湖南菜、川菜、廣東菜，像雜碎館，客人都是當地的美國人，孩子幫忙接下店裡的生意，臺灣也都有置產，以後要回臺灣居住。[10]

相4-1　CHINA INN（中國樓）
　　　餐廳。
資料來源：葉○蓮提供。

相4-2　餐廳內部精緻典雅。
資料來源：葉○蓮提供。

10　報導人葉○蓮，1954年次，出生地：下大陳，口述並錄影。採訪日期：
　　2016年9月12日。現居美國。

個案三

　　報導人有兩次跳船經驗，太太在臺灣照顧一大家戶群，所有生活重擔都是太太一人在臺灣承受，扶老攜幼之餘，偶爾遇上颱風肆虐過後，修窗、爬屋頂敲敲打打，都必須像個男人似地堅強。後來報導人回到臺灣共享天倫樂。

　　報導人張○壽談到自己有兩次跳船的經驗，[11] 因為鄉音重，筆者所幸有其女兒張○月一旁翻譯，他們說：

> 父親有兩次跳船的經驗，一次是四十歲，待了四年；一次是五十二至五十九歲，待了七年。有一次是到菲律賓去載一批貨，要送到美國紐約，靠岸後，規定每位船員要到雙子星世貿中心的七十七樓打預防針，可是我父親跑去打電話給姨丈，有人引導爸爸到唐人街，跟姨丈碰面。姨丈帶父親到餐廳去打工。剛開始沒有地方睡，只有睡在車子下面。[12]

　　後來報導人張○壽的太太陳○珠提到船務公司每天派人來找，搞得家裡的人提心吊膽的，陳○珠說：

> 當初我先生跳船，船務公司找不到我先生，就經常派主管、員工來家裡拜訪或打電話問我先生的下落，船務公司給我壓力，希望我說出我先生在哪裡？後來我被逼煩了，我弟弟教我反問船公司，我先生在哪裡？這件事情才不了了之。

11　報導人張○壽，1929 年次，出生地：下大陳，口述並錄影。採訪日期：2016 年 5 月 22 日。

12　報導人張○月，1968 年次，出生地：臺灣，口述並錄影。採訪日期：2016 年 5 月 22 日。

第二次跳船就改名再出去。所以我先生用了我弟嫂外婆的姓氏，認做乾兒子，用外婆的姓，然後跑第二次船，又溜上去，一待就是七年。第二次去辦簽證的時候，外國人說：「你這個護照不能來簽，你以前跑過了。」所以就不准他。因此重辦時，才會認弟嫂的外婆當乾兒子，認養、改姓李，名字一樣。因為家裡的重擔都由我一個人承受，要照顧兩邊的老人家，還有一大群孩子，後來我在老公回臺灣的前四個月也有過去美國找他，其實我也有去打工，因為在那邊很無聊，後來我先生就不待在美國了。[13]

相 4-3　張○壽跑商船時工作照。　　相 4-4　張○壽跑商船的照片。
資料來源：張○壽提供。　　　　　資料來源：張○壽提供。

---

13 報導人陳○珠，1945 年次，出生地：下大陳，口述並錄影。採訪日期：2016 年 5 月 22 日。

相4-5　美國紐約的「中華會館」，右　　　相4-6　張○壽在美國。
　　　　為報導人張○壽。　　　　　　　　資料來源：張○壽提供。
資料來源：張○壽提供。

個案四

　　大陳人已被船公司列入拒絕往來戶，所以對於想到美國從事黑工賺錢的人，只得改成跳機。

　　報導人葉○福提起 1982 年初船訓班不流行了，因為「大陳」已被列入黑名單。但是跳機也有黑名單，所以葉○福透過第三國家跳機，關關難過關關過的驚險。他訴說著這一段驚險之旅：

> 在臺協會，去美國很難，有條件的。1. 要有好的工作；2. 銀
> 行有 10 至 15 萬存款；3. 在臺有房子。有這些證明才去在臺
> 協會辦簽證。但是年輕人哪有辦法？只有偽造。所以造成村

子幾個偽造文書的也無法回臺，因為還在七年追訴期內，七年內回來就被抓走，我有朋友有綠卡也不能回來。

簽證因為是偽造，美國人一板一眼，看文書表面，明知我是偽造，還是接受辦理，但會去查。結果我被查到了，列入黑名單，再簽證就非常困難了。怎麼辦呢？我就想到第三國家去，我到厄瓜多爾，我有個伯父，是我爸的好朋友移民在那兒。他跟厄瓜多爾的將官很熟，我們花不少錢。伯父帶我見將官，南美洲將官權力很大，有兵權。後來又去見大使，大使說：「不給，你是臺灣人，要簽證去臺灣簽。」將官後來拍桌，雙方協商後，大使說：「你過境好了。」蓋了簽證章並寫下 transfer。我後來查了班機，買了禮拜三的飛機到洛杉磯。

到洛杉磯後，過海關被移民官攔住，把我護照拿去，因為我的下一班班機是在週五，美國法律保障人權，我沒犯法，移民官不可能讓我在機場睡二、三天，所以就放我通行，並說了一句："Your lucky day." 其實，他們也知道，我不會回去了。

我一出去，轉國內飛機，我那時候英文不行，找東方人，結果找的全部都是廣東華僑，一位女的，我有寫著字條，請她幫忙買機票，我身上有 800 美金，買了一百多元的單程機票，等了六、七個小時的飛機，飛到我姊田納西那邊。我開始找工作，朋友介紹朋友，電話過去，一個介紹一個。我們非常團結，因為知道從臺灣來的人，非常需要工作。

大陳人去美國，都肯做、不懶散，不會爭吵、囉嗦。我姊夫炒鍋、我姊抓馬，他們因為表現好，老闆娘對我也好，我免費去學一週，我姊夫教我切菜。我來這裡，我有計畫，我心裡想：「我在短期內，我要做到炒鍋，我要趕快賺錢，因為父親肝臟不好，住八○二花很多錢，都是自費。我要強迫自己學，要趕快賺錢。」

我一到美國就每個月寄 1,000 元美金回臺灣，到現在不間斷，並開始存錢。51 個州，我跑 40 個州，我到處跑，北卡十年、德州六年，其他是密西根，另外在紐約是完成我的學業，我在紐約讀大學，半工半讀，晚上在餐館當 delivery boy 外賣，白天讀書，很辛苦，住 basement 冷氣管線旁，房租約 50 元美金，住幾年，存安家費要寄回臺灣。完成學業後，在德州找工作，也是我的發源地做炒鍋。[14]

個案五

也是透過第三國家跳機，落地生根美國的案例。

報導人胡○玉談起自己也是透過第三國家跳機的情形，他說：

美國簽證辦不過，1980 年時，透過關係認識巴拿馬外交官，他幫我訂機票進入加州。我哥是跳船已經在美國當廚師。後來，我太太才用觀光名義來找我，跟我一起留在美國，並做廚房。1983 年，我們又生了老三。

八年後，我拿到綠卡，才回臺灣將媽媽和姐姐幫忙照顧的兩個孩子帶來團聚，一起移民。那時老大初一、老二小一。現在，我在美國有房地產事業。老大已經結婚生子，他太太是美國白人；老二是芝加哥西北大學醫學碩士；老三也是國立大學畢業。我的三個孩子都會說華語和一些家鄉話。我還跟我孩子說，哪天如果有大陳人來看病，都要算優惠啊！[15]

14　報導人葉○福，1960 年次，出生地：臺灣，口述並錄影。採訪日期：2016 年 4 月 29 日。現居美國。

15　報導人胡○玉，1949 年次，出生地：下大陳，口述並錄影。採訪日期：2016 年 11 月 11 日。現居美國。

個案六

是透過旅遊脫隊，然後到美國找尋親友再打工，落地生根組成家庭。

報導人葉○美談起以觀光名義，1986 年參加夏威夷旅遊團跳機的經驗。她說：

脫隊來到紐約，第一站我是去表姊家。在紐約時，認識了我先生，他是馬來西亞人，他是 1982 年以觀光名義，非法居留的，經歷過大赦，所以我的身分是我先生申請的，1993 年才拿到綠卡。拿到綠卡，可以長久居留，五年之後，就可以考公民。綠卡跟公民的差別，其實繳稅是一樣的，福利也差不多。但是持綠卡出國超過半年就會被取消掉，citizen 就沒有限制了，去多久都可以。

1993 年我們第一家店 "GOLDEN CHINA"（金華樓），在田納西州，做了五年，還蠻成功的。後來我把店交給弟弟，這間店有 100 個位子，約 25 桌左右。然後全家搬到密西根州，姐姐那裡，約一個小時的車程，又開一間更大間的，將近 380 個位子，開了十年。競爭挺厲害的，大陸人進場，全部削價競爭，所以很多都倒掉了，我的生意也沒有之前好，只有維持而已，我和外子覺得浪費時間，就把店賣給人家，但這個土地還是我們的。

此時，全家又搬到加州約七、八個月，想在那裏創業，可是租金太貴，根本賺不到錢，所以又回到密西根州，開了一間小店，約 40 個位子，這樣比較沒有大的壓力。我覺得夠了，身體健康最重要。

我們的事業，我們不要孩子們接，她們也沒興趣。在美國讀書讀得高，福利也高，休假也有，好像沒有什麼後顧之憂。但是，我們做餐館，每天開十二個小時，即使我和我先生 take turns，但是忙不過來的時候，也是要去支援，等於是候補，那兒也去不了，頂多是在附近買買民生用品罷了。真的那兒也去不了，這樣的生活又過了七、八年。

直到三個月前，我們決定一個星期關一天，所以現在是開六天，休息一天，所以我才有時間跟我先生一起休息，去吃吃飯、一起購物、到機關辦理事情，真是太棒了。所以，我也不要我孩子來接這樣的工作，太辛苦了。我先生是馬來西亞人，他當初也是非法滯留美國打工，他認為根在馬來西亞。[16]

個案七

是跳機後先到美國農場當園丁，後來經由農場主人取得農場工作證明申請身分。但是，因為賭博緣故，在美國的打拚最後成為一場空。

報導人葉○元提到親二哥、二嫂跳機後，先是在農場當園丁，後來才經營餐館，可是迷上了賭，終究夢一場空。他說：

16　報導人葉○美，1962 年次，出生地：臺灣，口述並錄影。採訪日期：2016年 9 月 22 日。報導人 9 月回臺探病癌末的母親，美國的餐館由孩子與先生協助。由於餐館生意忙碌，報導人在臺一個半月後，回美國繼續協助餐館。然而卻在 10 月 15 日傳出母親撒手人寰，又趕回臺。辦完法事回美國後，先生因為小感冒變成肺炎，轉大醫院一個多月，宣告不治，於 2017年 1 月 27 日除夕夜往生。收錄未刊稿。

當初臺灣跟美金 40 幾：1，太誘惑人了。大概是 1979、1980
年，我二哥是上尉退伍，那時才領 5,000 元臺幣，1981 年二
哥跳機到美國。

我們這邊（大陳）已經有人去美國，聽到的消息是，最少 500
塊美金起跳，500 塊等於是 2 萬塊。落差太大了，大家想盡辦
法要去美國。

二哥跟二嫂都是一起跳機過去的，到美國先是在鄉下當園
丁，後來慢慢再從事餐廳。兩個人在美國打拚那麼多年，身
體都不好，母親往生時，我二哥生病無法回臺，我們很少聯
絡了。我二哥本來有自己的餐廳、事業⋯⋯，後來身體不
好，餐廳都弄掉了，又因為迷上賭場，都沒有了。所以在那
裏打工，要守得住，不然在臺灣就好。[17]

個案八

家人跳船跳機到美國，後來經營的餐館，孩子們都不願意繼承。

報導人林○生提起姊夫與姊姊，他說：

我姊夫是跳船去的，姊姊是用假身分辦假護照去的，用人家
的名義辦觀光入境的，不是自己的名義，因為美國那邊只要
看到浙江溫嶺，一律拒絕入境。後來姊姊他們以特赦重新申
請，現在是美國公民。

我姊夫從來沒有回到臺灣，連他的母親往生都沒有回來，因
為姊夫不敢坐飛機。我姊在我父母往生時有回來臺灣。

---

17 報導人葉○元，1956 年次，出生地：高雄阿蓮，口述並錄影。採訪日期：
2016 年 7 月 21 日。

他們的三個小孩，其中一個女兒在美國住不慣，當初在美國讀服裝設計，那邊成衣廠也不錯，她在廠裡是裁縫和設計，後來工資高的原因，廠外移，遣散了。所以回臺灣花蓮，現在管理民宿。另外的兩個孩子，都一直在美國，有自己的工作，都沒有接我姊的餐館，因為他們讀書到大學畢業，沒有接父母餐廳工作。[18]

個案九

家人在美國經營餐館，需要信任的人手幫忙，所以報導人與夫婿跳機前往美國打工。

報導人曹○蘭因為大姊、大姊夫在美國的餐館缺人，所以報導人曹○蘭跟先生新婚不久、還懷著身孕跳機。她說：

我是三十歲過去美國的，當初姊夫餐館缺人，希望我男友過去幫忙。一年後，我們在臺灣完婚，就到美國了。那時候，我還懷有兩個月的身孕。我在美國生了兩個女兒，大的十五歲、小的十三歲，我和外子都是自己申請身分的，因為小孩要滿十八歲才可以申請父母的身分。

我剛過去美國時，生活不習慣、語言也不通、什麼都不懂，真的好想回家，還好，我們有一群人住在一起，每個州都會有人一起，有互動，否則，我是沒有辦法生存下去。當年我過去時，懷著身孕還學開車，因為如果沒有學會開車，這樣每天的生活像關在牢裡一般，每天在家等我姊姊來、或小孩

18　報導人林○生，1952 年次，出生地：下大陳，口述並錄影。採訪日期：2016 年 7 月 21 日。

放學,如果沒有必要,我也不會出去買東西。從我住家走到 supermarket 要二十分鐘。不會開車,就不要活在美國。

我兩個孩子的情況不一樣,像大孩子她會講中文、也聽得懂,喜歡吃中國菜;可是老二,她不吃中國菜,中文也不是很懂,跟老外沒兩樣。我大女兒現在高二,就吵著要一部車,也在學開車。可是她的保險費真的很高,從現在到二十五歲之間,半年三千多美元,除非跟父母合保,可以便宜一點。保險公司怕學生肇事,所以保費非常高。在美國,孩子沒有補習,考試前也不用看書,而且照樣 all pass,分數還很高,A 或 A^{+}。

我在密西根州時有自己的房子;後來又搬到新墨西哥州就租房子,不想貸款三十年,我租一層樓,約一千多坪,有庭院、三個房間、每個月租金 1,100 美元。鄰居是老外,雖然認識,打招呼,但很少接觸,大家門關起來,各做各的事。[19]

移民對遷徙目的地的選擇,會受到歷史淵源,特別是殖民地與母國的關聯;另外也會受到移民網絡的強烈影響,移民會傾向選擇較可能得到接納、並有親朋好友幫助的地方,充分利用先鋒所建立的跨國聯繫和適合移民的聚落。如果遷徙到完全人生地不熟的國度,這樣的情況可以說比較少見。臺灣雖然不是美國的殖民地,但美國卻對臺灣有支配力。因此,臺灣國人在 1969 年到 1996 年的淨遷出,移民美國順位擺第一。[20] 人們會從一個國家遷徙到另一個國家,主要是相信生活會更好。為了實現夢想,旗津大陳人,利用跑商船的機會,多數偷

---

19 報導人曹○蘭,1971 年次,出生地:臺灣,口述並錄影。採訪日期:2016 年 9 月 5 日。現居美國。

20 于宗先、王金利著,《臺灣人口變動與經濟發展》,頁 52。

渡入境或持觀光簽證逾期居留，形成跳船、跳機，成為沒有身分的勞
動移民，即非法移民，圖 4-1 至圖 4-4 是接受筆者採訪的家戶。1979
年臺灣開放觀光，據說那年有二千餘大陳居民到美國。[21]

圖 4-1　旗津實踐新村跳船、跳機事件相關受訪者屋厝座落圖（A 區）。
圖片說明：A 區為「蔣公感恩堂」大房子延伸區，橘色塊為跳船、跳機事件的
相關受訪者。
繪圖者：底圖採用《臺灣百年歷史地圖》之 Google 街景涵蓋圖，周秀慧繪製示
意圖。

21　陳仁和編著，《大陳島—英雄之島》，頁 265。

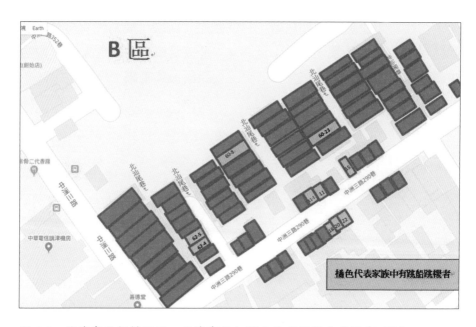

圖 4-2　旗津實踐新村跳船、跳機事件相關受訪者屋厝座落圖（B 區）。

圖片說明：B 區為「大房子」區，橘色塊為跳船、跳機事件的相關受訪者。

繪圖者：底圖採用《臺灣百年歷史地圖》之 Google 街景涵蓋圖，周秀慧繪製示意圖。

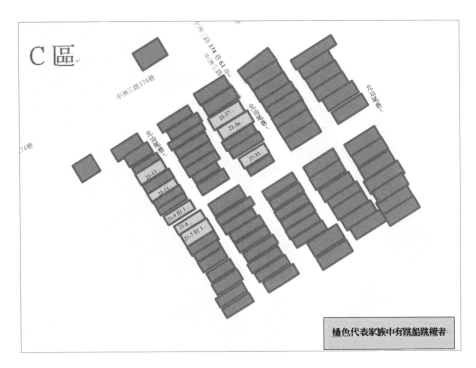

圖 4-3　旗津實踐新村跳船、跳機事件相關受訪者屋厝座落圖（C 區）。

圖片說明：C 區為「小房子」區，橘色塊為跳船、跳機事件的相關受訪者。

繪圖者：底圖採用《臺灣百年歷史地圖》之 Google 街景涵蓋圖，周秀慧繪製示意圖。

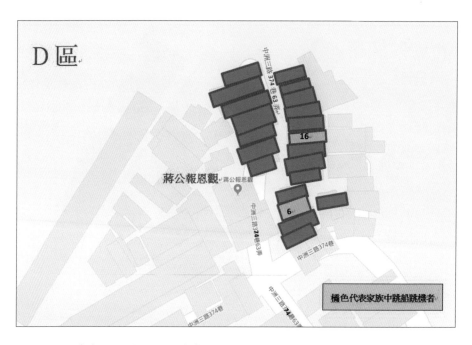

圖4-4　旗津實踐新村跳船跳機事件相關受訪者屋厝座落圖（D區）。
圖片說明：D區為「蔣公報恩觀」小房子延伸區，橘色塊為跳船、跳機事件的相關受訪者。
繪圖者：底圖採用《臺灣百年歷史地圖》之Google街景涵蓋圖，周秀慧繪製示意圖。

　　大陳的非法移民上岸，在1960-1980年代蔚為風潮，多數從事臨時性又辛苦的工作，是待遇較低的雜役工，通常被形容為三D：骯髒（dirty）、危險（dangerous）、困難（difficult）的工作。而這些工作通常是美國本地人較不願意從事的，但是這些工作還是需要有人做，因此才吸引大量的人非法入境從事。

　　祖慰（1937-，中國當代作家）針對世界範圍內主要的三大移民群歸納為三流，即政治、宗教、種族的迫害流亡、吉普賽移民的流

遊和天災、飢寒交迫，只好離家背井的流浪。[22] 在中文的脈絡裡，對於流亡者可能和「難民」等詞混淆不分。英語的世界，"exile"、"diaspora"、"exodus"、"migrant"、"transmigrant"、"refugee"、"asylum seeker"、"cosmopolitan"等用語也糾纏不清。[23] 許多研究者認為流亡出於各種原因。

二十世紀的流亡轉變成針對整個社群和民族的殘酷懲罰，而這經常由於像是戰爭、飢荒、疾病等非個人的力量無意中造成的結果。[24] 薩伊德以親身的體驗，道出「流亡是最悲慘的命運之一」，對古今流亡之苦有此深刻的描述：「在古代，流放是特別可怖的懲罰。不只意味著遠離家庭和熟悉的地方，多年漫無目的的遊蕩，而且意味著成為永遠的流浪人，永遠離鄉背井，一直與環境衝突，對於過去難以釋懷，對於現在和未來滿懷悲苦。」[25] 一方面必須調整心靈適應新家，一方面又懷抱返鄉的渴望。

多數的流亡者有文化適應的困難等現象，是處於生命的存在發生斷裂的危機中。流亡者在「時間」的流逝中統合自己對於過去、現在、未來的記憶、看法或期待而進行「敘事的理解」，給自我帶來整合的認同，給自己的行動與生命經驗帶來意義。[26] 在「空間」上，流亡者雖然不得歸鄉，然而卻仍帶有強烈的群體或國族認同敘事建構的歷史連續。

22　柯凱珮，〈大陳人移民經驗與認同歷程〉，頁 2。

23　蕭阿勤、汪宏倫主編，《族群、民族與現代國家：經驗與理論的反思》（臺北：中央研究院，2016），頁 128。

24　單德興著，《薩依德在臺灣》（臺北：允晨，2011），頁 37。

25　單德興著，《薩伊德在臺灣》，頁 37。

26　蕭阿勤、汪宏倫主編，《族群、民族與現代國家：經驗與理論的反思》，頁 131。

綜上所述，對於離鄉背井的大陳移民而言，在新環境的生存，需要團體的參與和認同，產生穩定的、凝聚的團體關係，以便於他們在異質地區間的流動（鄉村往都市、臺灣到美國）可以迅速達成適應。[27]從報導人親身的非法居留體驗，事實上，移動者在海外都有聯絡人，這些聯絡人可以幫助上岸的大陳鄉親找尋棲身處和工作。在這種情況下，會自然而然形成屬於他們的移民網絡。波士頓大陳同鄉會便是筆者田調的例子之一。

波士頓位於美國東北部新英格蘭區（華人稱紐英崙區）的麻薩諸塞州，開埠於 1630 年，是來自英格蘭的移民建立麻薩諸塞海灣殖民地，因為對家鄉的情感，遂以英格蘭老家波士頓來命名，[28]是英屬北美最大的城市，更是點燃美國獨立戰爭的打火石，當地居民維護公義挺身對抗英王喬治三世的抗爭。臨大西洋的波士頓有雄厚的經濟基礎，曾經是一個重要的航運港口與製造業中心，更有豐富的歷史文化資源，如：肇建於 1636 年的哈佛大學，是全美第一所的大學，還有1861 年創立的麻省理工學院，波士頓擁有兩所世界頂尖的大學，因此無論對美國人或世界各地的遊客，都蘊含著一股強大的歷史文化吸引力。在歷史上，波士頓是美國的母親，現今則是個世界的縮影，居民的組成十分多元。該市是美國高等教育、醫療保健和投資基金的中心，並被公認為最適合人居住的城市。

波士頓大陳同鄉會〈或稱紐英崙大陳同鄉會〉1984 年早已成立，然而正式向僑委會登記的時間是 1988 年，當時該會的創會會長是大

27　謝高橋著，《都市人口遷移與社會適應－高雄市個案研究》，頁 97。
28　吳昭明著，《雙城記：臺南波士頓文化交流》（臺北：傳文，2000），頁 23。

陳島民周仙梅先生。[29] 波士頓大陳同鄉會當年聲名遠播，會員逾千人，來自麻薩諸塞州、新罕布夏州、緬因州、佛蒙特州、羅德島州和康乃狄克州六個州，大家住的散又遠，地方太大了。但平時的聚會還是有一百多人參加，是個向心力很高的社團，只要是大陳人或大陳後代就可以入會員，就是老鄉。大家當年都是一個帶一個，多數從事餐館業，在新英格蘭區各州落腳起家。葉〇福以親身的經歷跟筆者分享當年的冒險職業生涯。他說：

> 老鄉跳船去餐館打工都會被照顧，一個介紹一個，尤其大陳人很吃苦耐勞、又肯做，所以受歡迎，也很會存錢，都有機會當老闆。[30]

徐春妹，曾經是波士頓大陳同鄉會副會長，她提起當年波士頓大陳同鄉會非常風光，在團體裡面，老鄉很有凝聚力。徐春妹說：

> 以前我們大陳同鄉會挺風光的。聚在一起的人，都是開餐館的多，我們有默契都在 Monday off，吃個飯，打打小麻將，有時還會約去大峽谷、拉斯維加斯旅遊，我們有的大陳人，在賭場輸掉的很多，男女都有。

> 第一任會長周仙梅先生。第二任是吳繼福先生，在這個時候，是最旺、最有名氣，一般的社團都會邀請我們大陳同鄉會，臺灣官員到美國去，我們都會參與，像北美辦事處處長鄭天授、僑教中心主任、現任的外交部長李大維、大使劉志

---

29 〈大陳同鄉會慶三十週年　梁娜玲接任會長〉，《波士頓菊子》，2014 年 7 月 8 日。資料檢索日期：2016 年 6 月 20 日。網址：http://bostonorange.blogspot.tw/2014/07/blog-post_7609.html。

30 報導人葉〇福，1960 年次，出生地：臺灣，口述並錄影。採訪日期：2016 年 4 月 29 日。現居美國。

攻……，我是副會長，我們那時真是小有名氣，像雙十國慶晚會，臺灣有過來美國表演，國慶遊行時，我們人數都很多。

像他們來波士頓這裡，我們大陳同鄉會會安排吃飯，波士頓龍蝦，因為吳繼福在緬因州開餐館，龍蝦最有名，就安排海鮮大餐、海陸大餐，請表演的人，如：美黛、侯麗芳、文

相 4-7　美國「波士頓大陳同鄉會」，前排右二為報導人徐春妹副會長。
資料來源：《大陳遷臺五十週年紀念特刊》，頁 180。

相 4-8　「波士頓大陳同鄉會」2016 年雙十慶遊街。
資料來源：大陳同鄉會波士頓臉書。資料檢索日期：2016 年 6 月 20 日。網址：https://www.facebook.com/%E5%A4%A7%E9%99%B3%E5%90%8C%E9%84%89%E6%9C%83%E6%B3%A2%E5%A3%AB%E9%A0%93-493746534114078/。

相 4-9　「波士頓大陳同鄉會」30 週年慶，新月宮餐廳，左一為報導人徐春妹。
資料來源：《波士頓菊子》。資料檢索日期：2016 年 6 月 20 日。網址：http://bostonorange.blogspot.tw/2014/07/blog-post_7609.html。

章、任潔玲⋯⋯，老中青三代，我們接待洗塵、吃龍蝦大
餐，再帶他們去哈佛大學看玻璃花⋯⋯，蠻風光的。[31]

　　然而大部分的大陳美國移民群體都曾飽受歧視之苦。肯尼斯·卡
斯特（Kenneth Karst）指出，「實際上在美國，受人排斥、被強求與主
流社會保持一致，以及低人一等，是每個文化少數群體都不得不面對
的問題。」[32] 如果說融入主流社會就一定要求少數群體受到歡迎，那是
一種誤導。多數的情況是主流群體不熱情歡迎移民，並以恐懼和擔憂
的目光看待那些來自非主流語言的移民群。對於移民群受到弱勢排擠
的現象，報導人張貴富有感而發地說：

> 我是 1982 年以商務考察過去的，當時父母鼓勵我跟著大哥，
> 因為大哥早先是跳船。我的祖父那一代開始就註定要移民
> 了，從大陸內地遷徙到大陳；然後父母親他們又是因內戰到
> 達臺灣；而我又聽從雙親來到美國，都是去語言不通的地
> 方，想要立足卻又受到語言、膚色的影響，移民不知何時
> 休？[33]

　　逃難對於人類知識文化的發展傳播有重大的作用。流亡的經驗與
心境，也可能成為激發知識文化創造的因素，甚至使知識分子可以反
思既有世界、帶來更活潑自由的思想。[34] 正如德國詩人里爾克（Rainer

31　報導人徐春妹，1954 年次，出生地：下大陳，口述與錄影。採訪日期：
　　2016 年 6 月 10 日。現住美國。

32　威爾·金里卡著（Will Kymlicks），鄧紅風譯，《少數群體的權利：民族主
　　義、多元文化主義和公民權》（臺北：左岸，2004），頁 298。

33　報導人張貴富，1956 年次，出生地：臺灣，電話採訪。採訪日期：2017
　　年 1 月 1 日。現住美國。

34　蕭阿勤、汪宏倫主編，《族群、民族與現代國家：經驗與理論的反思》，頁
　　131。

Maria Rilke, 1875-1926）說：「你可以成為自己環境中的初學者，這讓你有一個不合流俗的生活方式，尤其一個不同的、經常是很奇特的生涯。」[35] 報導人葉○福跟筆者分享當年跳機後，在紐約完成大學畢業，現在的社交生活圈也融入當地人。

報導人曹秀姣的姊姊和姊夫跳機美國十五年後拿到身分，後來，她帶著四名姪女從旗津過去美國團圓，並待在姐姐跟他人合夥的餐館打工，也在這個時候她開始與男朋友，亦即現在的先生交往。她先生是墨西哥人，去美國半工半讀，在中國餐館上班。曹秀姣分享美國淘金夢心路歷程，她說：

> 我當時因為是觀光簽證，待了六個月後回到臺灣，後來又以學生名義申請學生簽證，在美國求學，進入 Wisdom MI. University 語言學校，最後我拿了三個學位：經濟企業管理、電腦資訊設計和服裝設計。在美國生活其實不像臺灣那麼充實，美國日子很單調，必須要自我充實。當初外子用學生名義申請來美國，過期後，非法居留，是公司老闆幫忙爭取得到身分的。所以我跟我先生都一直在讀書，我先生最近才又拿到碩士學位：Electronic Engineering（電子工程師），現在在 Wisdom University 教理工，在學校任教。

> 雖然我跟我先生都是美國公民了，但是我想分享一句話：「美國夢，很不好、非常不好！」美國夢，這只是一場夢，夢醒了，其實這是一場不完整的夢，夢是不真實的，跟你現實想像就完全不一樣。任何一個國家，他們都有辛苦的地方。語言、文化、習慣、人際關係⋯⋯不同，其實都有很多困難，

---

35 艾德華・薩伊德著（Edward Said），單德興譯，《知識分子論》（臺北：麥田，2004），頁 100。

沒有人家想像那麼好。也許，有人想像，哇！都是國外來
的，你只看到人家外表光鮮亮麗而已，卻沒有看到人家在那
裡的辛苦。

在美國有一個職業模式，中國人、日本人開餐館，越南人做
美甲，韓國人開洗衣店。我結束餐館後，曾在美國做過官方
行政，如：臺灣的區公所般，adopt 擔任領養小孩的工作，
即是老美家庭跟家庭間，比如：父母無法扶養小孩，那小孩
就由他的親戚去領養，改監護權。這些父母通常是犯罪、生
病等理由，父母失去扶養能力，小孩可以經由家庭內任何一
個人，只要經濟許可，經過手續即領養。我當初經過三個面
試，才有這份官方行政工作。而這份工作其實也飽受排斥，
我花了好久時間找到。這之前，我也找了好久的工作。我做
過五年的調酒師。

我二十四歲過去後，才發現在臺灣的生活很享受，對我來
說，臺灣是個最好居住的國家。美國的生活是我最討厭的。
在美國，你不容易交朋友，social 人際關係無法擴大，你的範
圍就只能在中國區。

中國人以餐館為主，工作非常非常辛苦，一天工作約十二至
十四個小時。我有小孩後，就把餐館股份退掉了。我跟我先
生沒有在餐館了。餐館時間是早上 10 點直到晚上 11 點，如
果有小孩後，如何教育小孩呢？我跟我先生非常重視孩子的
教育，所以我脫離中國人的軌道，我沒有做餐館，也沒有跟
中國人在一起了，我沒辦法跟他們相處地非常融洽。而且作
息時間不同，因為他們忙到那麼晚，一個星期休一天，休的
那天都在睡覺。

我的朋友說：「拿青春去換美金。」看看有多感傷呢！

所以如果不讀書，一輩子都在那個區域。可是，讀書也不是那麼簡單，在美國讀書好貴好貴，很多人去，不是為了讀書，而是為了生活。

我帶孩子回來臺灣，就是要讓他們了解，媽媽的文化背景是怎樣，媽媽是從哪裡來的？相對地，外子也是每年帶他們回去墨西哥，接觸墨西哥文化背景。起碼，人不要忘根。我也跟外子談過，退休後會回來住，半年在旗津，半年在美國，因為小孩在美國。以後，總還是希望陪陪孩子。[36]

筆者從訪談中得知，跳船、跳機者多數都有兄弟姊妹在美國，他們為什麼不將旗津的老人家帶過去團圓呢？對於這個問題，「留美」的報導人與「在臺」的家人都異口同聲地說出心聲：

二哥二嫂，還有好幾個親戚也住美國，母親去玩了三個月，回來後絕口不提美國，因為母親說：「子女們工作，她每天看天花板，不敢出門，形同坐牢。」[37]

我們家三姊妹都在美國，媽媽十五年前來過，住一個月後就開始說這裏不好，什麼都不好，只能待在家裏等我們下班。半年後吵著要回臺灣。後來又來住了一次，約三、四個月就回去了，至今也沒來過。[38]

---

36 報導人曹秀姣，1969 年次，出生地：臺灣，口述並錄影。採訪日期：2016 年 7 月 10 日。現住美國。

37 報導人葉瑞元，1956 年次，出生地：高雄，電話採訪。採訪日期：2017 年 6 月 18 日。

38 報導人曹秀姣，1969 年次，出生地：臺灣，電話採訪。採訪日期：2017 年 6 月 18 日。現住美國。

雖然我們四個兄弟姊妹都在美國，媽媽只來過三次，她住不
慣，她說像監牢，而且她身體有病，看醫生不方便，最主要
是臺灣有左右鄰舍老朋友可以串門子聊聊天。所以我們兄弟
姐妹會輪流回臺灣陪媽媽，每次回來約兩個月。[39]

其實，筆者透過訪談得知，早期在美國打黑工的跳船、跳機者生
活，每天都在躲移民局官員，工作環境惡劣，為了節省開銷寄更多的
錢回臺灣，都是好幾個人擠在一起吃飯、睡覺，自顧不暇。所以臺灣
的老人家並沒有搬來美國跟孩子同住，即便有好幾個孩子或是親戚在
美國，都吸引不了臺灣的雙親，因為孩子們整天在餐館打拚，老人家
每天只能關在家裡，情景形同坐牢。所以跑船多年的沈享壽不覬覦跳
船後高薪的孤獨生涯，他訴說陪伴家人、孩子的成長才是最重要的。
沈享壽說：

> 當時同一艘船上的人，很多都跳船，待在美國紐奧良
> 的……，落地生根，但是我不想，我不要做奴隸，一下去就
> 是幫人家洗碗，一天工作十幾個小時，我不要做奴隸，每個
> 人有每個人的想法。[40]

另外，大陳黑工的居住環境也是令人詬病的，林春生說：

> 我姊夫住的地方，四、五坪有四、五家人，隔間用布幔隔起
> 來，甚至夫妻在一起……、吃住在餐廳，黑工身分，每天擔
> 心移民局來抓人。[41]

39　報導人葉○福，1960 年次，出生地：臺灣，口述並錄影。採訪日期：2016
　　年 4 月 29 日。電話採訪，採訪日期：2017 年 6 月 19 日。現住美國。

40　報導人沈享壽，1950 年次，出生地：下大陳，口述並錄影。採訪日期：
　　2016 年 5 月 27 日。

41　報導人林春生，1952 年次，出生地：下大陳，口述並錄影。採訪日期：
　　2016 年 7 月 21 日。

至於，有的大陳黑工因升級至大師傅，所以居住環境比較好些，就可以單獨擁有一房就寢。徐○妹說：

> 我先生因為是大師傅，所以有一個房間；其餘的都是幾個女的一間、幾個男的一間。[42]

相 4-10　跳船美國者，打黑工居住的小房間，左一為報導人張○壽。

資料來源：張○壽提供。

所以對大多數的大陳黑工來說，辛苦的工作與克難的環境大多能忍受，他們主要的目的就是要多賺點錢寄回臺灣。葉○福說：

> 我在紐約讀大學，半工半讀，晚上在餐館當 delivery boy 外賣，白天讀書，很辛苦，住 basement 冷氣管線旁，房租約 50 元美金，住幾年，存安家費要寄回臺灣。[43]

由於大陳人刻苦耐勞、勇敢冒險的天性，許多跳船、跳機美國者，胼手胝足、篳路藍縷，進而創業有成，他們經營的餐館，許多也做得有聲有色。可是當子女教育水準提高，卻呈現拒絕繼承父母從事餐館的職業。事實上，移居海外的「大陳美國人」，也希望他們的子女能夠更上一層樓，懷抱更高的理想。

42　報導人徐○妹，1954 年次，出生地：下大陳，口述與錄影。採訪日期：2016 年 6 月 10 日。現住美國。

43　報導人葉○福，1960 年次，出生地：臺灣，口述並錄影。採訪日期：2016 年 4 月 29 日。現住美國。

　　筆者在旗津實踐新村田調時，發現「大陳美國人」時常出現在各個活動，如：廟會「平安宴」、鄉親往生的摺金元寶、「燒庫屋庫錢」、農曆七月份摺金元寶給「好兄弟」以及「大陳故事館」、「大陳美食節」，無論是基於什麼樣的理由和動機，有時一個月、兩個月，甚至長達半年出現在旗津，他們對旗津家鄉的認同又是如何呢？

二、移民者對旗津的認同

　　法國社會學家皮耶‧布赫迪厄說：「經濟力量是讓自身遠離經濟上的貧困的首要和最重要的力量；這就是為什麼經濟力量總是具有下述的特質：財富的自毀、炫耀性消費、浪費、以及各種形式無義務的奢侈品。」表面上的浪費，其實是將經濟資本轉換成政治、社會、文化、或「象徵性」的資本的一種手段。[44] 如果把民間信仰的場域看成是一種交換的場域，這樣的交換活動與其運作的邏輯，就稱為「靈力經濟」。[45] 對這些旗津的「大陳美國人」來說，「蔣公感恩堂」、「蔣公報恩觀」祭拜著「大陳神明」，菩薩的神威廣大，保佑在臺灣的家人平安，還會庇佑在美國的事業興隆。所以當這些海外遊子回到旗津時，祈求神明保佑、消災解厄，在「靈驗」與「護佑」之需求下，他們會以捐款或勞力的模式希望換得神明的幫助。

　　在美國事業有成的梁景富，會定期回旗津「大房子」區探望母親和妹妹。據「蔣公感恩堂」總幹事林春生透露，梁景富對廟宇相當幫忙與支持，不論是重修或廟會，都會大力協助。梁景富說：

44　彼得‧柏克（Peter Burke）著，江政寬譯，《歷史學與社會理論》（臺北市：麥田，2002），頁149。

45　陳緯華著，〈靈力經濟：一個分析民間信仰活動的新視角〉，《臺灣社會研究季刊》，69（2008），頁68。

我每次從美國回來，都會來感恩堂這裡跟觀音上香、捐點錢，在美國也會去佛寺。我在紐約開「溫州小吃館」，有分館，小孩自己開一間，我會研發各種新式的食品，上次還去新加坡學拉麵，買了一臺新式的機器運到美國，我太太也學炒「冰淇淋」，這是最新吃法，我店裡的小吃有一百多種。我每次回臺灣最喜歡去夜市走動、拍照，學習新的吃法。在紐約，什麼樣的客人都有，我不斷學習嘗試。[46]

對旗津的「大陳美國人」而言，村內廟宇的整修或神明壽誕的祭祀上，出錢也出力，協助廟務。林春生談到實踐新村當年感恩堂整修重建，除了在地鄉親協助外，最主要還有在美國的大陳鄉親大力捐獻，其中像「大房子」的美國人應冬蓮女士與梁景富先生捐很多款幫忙籌建。

相 4-11 「蔣公感恩堂」丁亥年（1983 年）落成敬獻大德。
資料來源：周秀慧攝。

廟宇平時的捐款者，往往也是從美國回來的鄉親捐最多，「蔣公感恩堂」林春生說：

每次有美國的鄉親回來，都會捐款。像梁景富先生這次是回臺掃墓，也來廟裡捐了 5 萬元。[47]

---

46 報導人梁景富，1958 年次，經營溫州小吃館，出生地：臺灣，口述。採訪日期：2017 年 4 月 7 日。現住美國。

47 報導人林春生，出生地：下大陳，口述。採訪日期：2017 年 4 月 7 日。「蔣公感恩堂」總幹事。

相 4-12　「蔣公報恩觀」阮弼真君、漁師大
　　　　　神壽誕樂捐者。
資料來源：周秀慧攝。

相 4-13　「蔣公感恩堂」觀音聖
　　　　　誕，美國的鄉親都是
　　　　　樂捐金額最高者。
資料來源：周秀慧攝。

那麼，「小房子」區的「大陳美國人」對於「蔣公感恩堂」的支持度呢？2016 年「蔣公報恩觀」舉辦阮弼真君、漁師大神壽誕慶典，美國回臺的鄉親也是大力支持，主委陳榮傑指著牆上張貼的字條告訴筆者：「妳看，這位捐最多的，從美國回來，吃完辦桌才要回美國。」[48]

當筆者在田調過程中，看到從美國回來旗津探親的徐春妹，出現在廟宇中，幫忙村裡往生的鄉親祈福消災念經文。大陳習俗中，有一種祈福消災是在廟裡一起傳遞紙錢、念經、祈求福報，每八個人一組的叫「頌八佛」（念八佛），輪流念一遍阿彌陀佛。這樣的動作，整整有兩天的時間待在廟裡，而且傳遞紙錢當中都不能說話，只許念佛號。雖然往生的鄉親只是村裡的人，但是報導人卻將村民當做親人一般，默默付出。除此之外，像「大陳美食節」、農曆七月摺元寶等活動，旗津的「大陳美國人」也會熱情參與。

48　報導人陳榮傑，1968 年次，出生地：臺灣，口述與錄影。採訪日期：2016
　　年 11 月 10 日。「蔣公報恩觀」主委。

相 4-14 「蔣公報恩觀」內「頌八佛」
　　　　為往生者祈福。
資料來源：周秀慧攝。

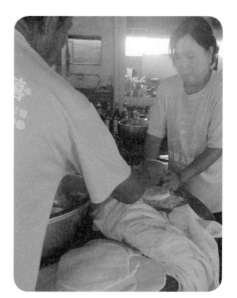

相 4-15 美國鄉親參與「大陳美食
　　　　節」糕餅製作。
資料來源：周秀慧攝。

相 4-16 美國鄉親參與「大陳有囍」
　　　　活動。
資料來源：周秀慧攝。

相 4-17 美國鄉親參與摺元寶給「好
　　　　兄弟」。
資料來源：周秀慧攝。

　　筆者遊走在目前僅有約百餘戶的實踐新村，觀察著旗津的「大陳美國人」跟村民溝通，台州話依舊是村內共通的語言。語言的使用是成為族群認同的重要標誌，[49] 藉由語言，凝聚了人們並得以形成一個社會。母語是人類最直接的社會化工具，正是由於母語的恩賜，使得每一個個體隸屬於一個社會集合體。個人或許可以逃離他被生養以及被教育的這個社會，但是這個社會無論如何仍將形影不離地伴隨著他，因為個人已將這個社會隨身攜帶在自己身上了。[50] 餐桌上的菜餚仍然是大陳的味道，如：麥油煎、薑茶麵、炒年糕、糖心糕、蛋酒、鴨圓。家族進食與充滿族群食物之慶典是保留人們對於家鄉與親戚記憶的重要途徑。飲食似乎是語言之外，最能讓人聯想起其群體歸屬的

相 4-18　報導人林春生示範糖心糕。
資料來源：周秀慧攝。

相 4-19　報導人曹葉衣示範麥油煎。
資料來源：周秀慧攝。

49　王明珂著，《華夏邊緣：歷史記憶與族群認同》，頁 381。
50　威爾・金里卡（Will Kymlicks）著，鄧紅風譯，《少數群體的權利：民族主義、多元文化主義和公民權》，頁 25。

一種文化生活指標。[51] 而喜愛的消遣就是和老鄉打打花牌摸兩圈,可以消磨大量閒散時間,很少消耗體力;可以跟熟人長時間聚在一起,又不會顯得乏味無趣。

報導人張雲萍的夫婿是美國人,她的洋人丈夫仍舊支持她每年回旗津探望長輩,張雲萍說:

> 回來臺灣,是因為看新村的爺爺、和奶奶在臺南的親戚,奶
> 奶去年過世了,而且從小在這長大,對這區塊特別有感情。
> 我回到這裡(新村),就像回到自己的家,這種感情是不一
> 樣的。然後看到自己從小時候的親朋,那種感覺是非常不同
> 的,像我朋友要我去臺北做客,我沒興趣,我情願把時間放
> 在這兒。[52]

對於這些旗津的「大陳美國人」,筆者很好奇他們的宗教信仰是否隨著移民生活,入境問俗而成為基督徒?葉冬福告訴筆者,旗津老家供奉的觀音菩薩信仰,也跟著來到美國的家庭。他說:

> 現在美國住的地方,供奉的是跟旗津老家一樣的信仰,觀世
> 音菩薩。[53]

另外,曹秀姣也分享旗津老家父母信奉佛教,當曹秀姣移民美國後,佛教的信仰一樣在美國的家庭延續著,即便另一半是墨西哥美籍

---

51 蕭新煌、林開忠,〈家庭、食物與客家認同:以馬來西亞客家後生人〉,張玉欣主編,《中國飲食文化學術研討會論文:第 10 屆》(臺北:中國飲食文化基金會,2008),頁 57-78。

52 報導人張雲萍,1969 年次,出生地:臺灣,口述與錄影。採訪日期:2016年 4 月 23 日。現住美國。

53 報導人葉冬福,1960 年次,出生地:臺灣,電話採訪。採訪日期:2017年 1 月 12 日。現住美國。

人士，先生仍舊尊重太太的宗教信仰，在客廳設置一個可以禮佛的小場所。曹秀姣說：

> 旗津的家裡是佛教，所以我在美國也是一樣信奉佛教。[54]

相 4-20　報導人葉冬福在美國的信仰。
資料來源：葉冬福提供。

相 4-21　報導人曹秀姣在美國的
信仰。
資料來源：曹秀姣提供。

　　從上述報導人的訪談得知，旗津的「大陳美國人」，除了本身的文化發展史是一部雜質吸納史（hybridity）外，他們同時重視文化發展的延續性，與傳統的銜接，更是強調文化不會無中生有，也不會憑空想像。所以，即使像翁惠琴已是「大陳美國人」，還是會去美國的佛寺參拜，梁景富在美國也會去佛寺，他們多數仍舊按照自己原本家鄉的宗教信仰延續下去，見相 4-22。

　　從筆者採訪旗津「大陳美國人」的訪談得知，這些當年跳船、跳機移民者，現今年齡多數落在四十五至七十歲，雖然他們或是他們的

54　報導人曹秀姣，1969 年次，出生地：臺灣，電話採訪。採訪日期：2017
　　年 1 月 15 日。現住美國。

子女在美國已經延續下一代,然而,因為跳船、跳機移民者的雙親都在臺灣,或是安葬在臺灣,所以,這些移民者對於退休後回臺灣定居都會成為一個考慮的選項。「人親、土親、故鄉親」,臺灣有親人、臺灣有廬墓,這是旗津的「大陳美國人」對旗津家鄉的認同。

相 4-22 「大陳美國人」翁惠琴(案:林春生的外甥女)在美國的藏傳佛教信
　　　　仰,紐約州屋斯達鎮噶瑪三乘法輪寺。
資料來源:翁惠琴提供。

第二節　大陳美食節和海峽兩岸大陳鄉情文化節

一、大陳美食節

隨著網際網路科技的發展,我們的生活被虛擬和現實無縫銜接的社群網絡串連,目不暇給的各種訊息傳遞,搶佔你我的注意力,更影

響你我生活的習慣。藉由網路四通八通的概念所造就的社群平臺，可以說是立即且沒有區域性的限制。[55]

臉書的軟體使得資訊具有病毒般的傳播力，在臉書上提出的構想，可快速傳遍群組，讓許多人近乎同一時間得知，就像病毒或文化傳承單位瀰因（meme）一般，迅速從一個人傳給另一個人，再傳給許多人。[56] 臉書把世界連結起來，已經變成世人，尤其是年輕人的一種共通的文化體驗。事實上，我們聯繫的對象都是和我們有共通點的人。這種稱作同質性的法則已被廣泛地研究，而這也是建構社交網絡的基本模式之一。[57] 利用已有的人際聯繫，是建立新聯繫的有效方式。如此能突顯人們之間的最短路徑，因而有效地將資訊分享給更多相關群體，或是聯繫上新的人。[58]

筆者以「高雄市大陳同鄉會」關鍵字在臉書 Facebook 上搜索，大陳同鄉會非營利組織網際網站有好幾個，但是高雄市的有一個，名稱為「高雄市浙江溫嶺同鄉會」（大陳人都可以加入）。臉書活動的發起成立者是大陳人葉瑞元，他是旗津三炷窯工作室負責人，也是「高雄市浙江溫嶺同鄉會」的監事。葉瑞元希望透過網路社群，拉攏年輕世代的大陳子女，強化大陳撤退曾是臺灣重要的歷史事件與記憶。葉瑞元談到他初期成立「高雄市浙江溫嶺同鄉會」臉書受到的挫折，與後續醞釀產生的認同感。葉瑞元直言：

55　吳智鴻、蔡依錞，〈以科技接受模式來探討社群網站 Facebook 的使用意圖〉，《國立臺灣科技大學人文社會學報》，10（1）（2014），頁 29-44。

56　大衛・柯克派崔克（David Kirkpatrick）著，李芳齡譯，《facebook 臉書效應：從 0 到 7 億的串連》（臺北：天下，2011），頁 23。

57　Paul Adams 著，林義傑譯，《社群效應：小圈圈如何改變世界》（臺北：基峯，2012），頁 52。

58　Paul Adams 著，林義傑譯，《社群效應：小圈圈如何改變世界》，頁 74。

老一輩對科技的電子產品少接觸，不學習用現代的溝通工具方法跟年輕人對話，這樣對大陳文化的傳承會斷裂，於是2015年8月興起我創立社團臉書做為與年輕世代溝通的平臺。期望年輕的大陳後代透過臉書得到的訊息，能夠對大陳認識與傳達，參與和產生共鳴。

成立的過程遇上最大的困難是年紀大的不會操作電腦、或沒有臉書、而且剛開始年輕人都不理會，我是從個位數經營。我傳達訊息給年輕人，讓他們知道我們社團在做什麼？大陳的歷史由來？大陳有哪些美食？有哪些宗教信仰？有哪些值得延續的文化與家鄉的故事？我們有哪些活動？然後再由年輕世代用口述方式告訴家人。雖然老一輩不想學習科技產品，但是透過年輕人的說明也可以有傳承和參與。

後來我們社團預計在2015年12月成立旗津大陳美食節，所以我運作臉書約三、四個月時間，年輕人在網路看到訊息，他們相互告訴家族，用一傳十、十傳百的方式吆喝，我還看到好幾位是輪椅推過來，那天的活動爆滿，也讓市政府的人看到旗津大陳人的亮點。

我們社團主動邀請公部門來共襄盛舉，楊台生里長很熱心，特別邀請區長謝水福先生、民政課長張貴珍、兵役課長蘇勝吉、和旗津區公所秘書處副主任林權德與課員林順發，我印象中謝區長在活動待了近一、兩個小時，品嚐多樣道地大陳美食，並頻頻示好，這對我們有極大的鼓勵，讓我們社團很有面子，也讓旗津大陳鄉親的參與備感榮耀。

後來媒體爭相採訪，消息曝光，很多人才知道旗津有大陳新村，原來大陳有這麼豐富的飲食文化，如果沒有接觸大陳人，很多大陳的美食並不容易吃得到，這些自成一格的文化

與飲食風格，歷經一甲子演變，成為旗津地方特色文化。這也是我極力期望年輕的大陳後代能夠接觸大陳活動，讓大陳原鄉的文化保留下來，大陳有獨特的文化，希望後代的子女還能對大陳保有認同感。

由於第一次社團舉辦大陳美食節佳評如潮，無心插柳柳成蔭，形成了民政局長張乃千、副局長駱邦吉、區長吳永揮蒞臨蔣公廟洽談，運籌帷幄第二屆大陳美食文化節的誕生，並由楊台生里長與我帶領這幾位長官實際了解旗津大陳新村的聚落位置，當天大致已敲定這次的活動，而且由市政府核算提撥經費，與旗津大陳新村共同策劃攜手完成。

甚至，因為我們社團臉書推動獲得迴響，有人就來詢問我如何成立同鄉會並如何透過臉書運作行銷，我的野人獻曝，提供一點意見參考，於是 2016 年大陳島鄉情文化促進會順利成立。[59]

　　第一次旗津「大陳美食節」由「高雄市浙江溫嶺同鄉會」社團出資與村民共同策畫辦理，見圖 4-5。主辦單位本來想透過美食活動跟村民活絡情感，讓年輕一輩的大陳子女認識「家鄉味」，只想簡單準備三百份罷了。然而葉瑞元運作臉書後，發現成員們充滿期待，是故跟社團反映，預估至少上千份食材才夠，可是團員們不相信，最後在團員的疑慮與問號中求平衡，爭取了 500 份食材。上午 11 點開幕，中午前就銷售一空。媒體爭相採訪，原來旗津有大陳新村，大陳的飲食文化獨樹一幟、甚少有機會在市面上品嚐得到大陳美食，沒想到透過美食節活動讓大陳子女扶老攜幼參與之外，更吸引了許多群體好奇的眼光，尤其是公部門注意到旗津獨特的在地美食。

59　報導人葉瑞元，1956 年次，出生地：高雄阿蓮，口述並錄影。採訪日期：2017 年 4 月 8 日。旗津三烊窯負責人。

圖 4-5　2015 年大陳美食節臉書宣傳頁面。
資料來源:「高雄市浙江溫嶺同鄉會」(大陳人都可以加入)臉書,資料檢索日期:2016 年 12 月 5 日。網址:https://www.facebook.com/groups/1636815333263650/？fref=ts。

　　第二次旗津「大陳美食節」順勢由公部門出資，由凱莉國際整合行銷有限公司以新臺幣 139 萬得標履約執行，[60] 結合旗津實踐新村村民策畫舉辦。筆者參與 2016 年 9 月 5 日「大陳有囍」的活動，場地由旗津區公所商借海軍舊「技工宿舍」，做為「大陳故事館」，多位嘉賓共同替「大陳故事館」舉行揭櫫儀式。館中展出鄉親大陳生活文物，宛若走進時光隧道。展示的看板人物有報導人陳香珠與孩子們慶祝奶奶八十大壽的歡樂情景。另外，在「大陳彩繪巷」135 公尺長的彩繪牆，講述大陳人來臺超過一甲子時光，當時大陳居民如何撤退來臺、當碼頭工人、製作年糕、曬魚乾等，喚醒大陳人的歷史與文化記憶。

　　2016 年 9 月 24、25 日舉辦的「大陳美食節」活動，結合超級好康的活動，前 300 名到場打卡按「讚」的朋友獲百元禮券一張；另外打卡按「讚」還可獲得獨家口味限量 250 個「大陳義包」免費嚐，這些行銷結合臉書帶動人潮，確實得到不同凡響。所有食材都由村民一手包辦：蛋酒、炸魚、魚丸排骨湯、薑茶麵、糖心糕、鴨圓、雞湯、薑茶蛋、炒年糕、糯米餅，全部都是銅板美食。當然，第二屆的「大陳美食節」一樣人山人海，而且因為有行銷公司的協助，排隊購票與取餐管理安排有秩序，整體感深獲口碑推薦，再一次打響旗津「大陳美食節」的口號，筆者更期待未來再舉行。「蔣公感恩堂」林春生語重心長說著：

> 原鄉的食物貧瘠，取之不易，來臺後已摻雜在地食材，呈現的大陳美食更顯得符合在地口味。大陳的歷史對年輕一代或許已不具太大的意義，但是家鄉的味道需要他們傳承延續下

---

60 【決標】2016 高雄旗津喚醒「陳」封的記憶～探訪大陳文化暨大陳美食節，《BizQ 電子招標採購網》，2016 年 8 月 10 日。資料檢索日期：2017 年 4 月 5 日。網址：http://gov.bizq.com.tw/award/show_detail_awd.php?storyid=2016 08113072436。

去。我們希望起個頭，讓年輕人如法炮製旗津「大陳美食節」活動能代代相傳下去。[61]

相 4-23　報導人陳香珠、張學壽於大陳故事館。
資料來源：周秀慧攝。

相 4-24　2016 年第二屆大陳美食節打卡按讚、「大陳義包」
　　　　免費嚐。
資料來源：「高雄市浙江溫嶺同鄉會」臉書。
資料檢索日期：2016 年 12 月 5 日。網址：https://www.face
book.com/groups/1636815333263650/？fref=ts。

61　報導人林春生，1952 年次，出生地：下大陳，口述並錄影。採訪日期：2017
　　年 4 月 7 日。

高雄市長陳菊在臉書上表示：

「2016高雄旗津喚醒『陳』封的記憶～探訪大陳文化暨大陳美
食節」是高雄市政府規劃許久的活動，去年的活動讓許多人
看到大陳的精彩和魅力，在今年高雄市府特別結合了文物展
覽和巷弄彩繪，要讓「陳」封的記憶被喚醒。

1955年大陳人來到臺灣，經過一甲子的歲月，在此開枝散
葉。這些先民的文化風格，歷經一甲子的演變，成了高雄的
歷史及地方特色文化。我們將繼續保存與維護大陳文化，在
旗津永續流傳下去。[62]

　　從「高雄浙江溫嶺同鄉會」的臉書社群網路事件中，訊息、知
識、議題的發起者從很小的個人開始，然後慢慢發酵、傳播，引起更
多討論，也吸引更多人的認同。社群網路具有的力量，就是可以把你
由小變大，而且從真實的人際關係連結和行銷認同感。社團訊息的傳
遞是準確且深入的，每個社團成員都能及時了解最新的消息，都能立
刻加入最新的互動，所以社團成員之間可以有更緊密的連結。[63] 2016
年9月5日，筆者參與旗津「大陳有囍」活動，陳菊市長在記者招待
會致詞時，承諾市府日後要努力將旗津變成悠閒宜居的觀光城市，並
尊重實踐里大陳撤臺的歷史記憶，陳市長說：

高雄是一個移民的城市，有來自全臺灣、中國大陸和新住
民，是蘊藏歷史、文物、美食、生活多元的文化城市，尤其

---

62 〈大陳義胞來臺一甲子　旗津舉辦大陳文化美食展〉，《自由時報》，2016年
　　9月5日。資料檢索日期：2017年4月23日。網址：http://news.ltn.com.
　　tw/news/life/breakingnews/1816668。

63 247網路行銷團隊著，《讚！Facebook社群行銷術》（臺北：電腦人文，
　　2011），頁69。

還有來自大陳的長輩，當時還有腳穿三寸金蓮等等，這些都
是值得我們記憶的。高雄是歷經很多人的努力，才有今天；
同樣的，市政府也努力將旗津變成悠閒觀光又漂亮的地方，
尊重實踐里大陳鄉親的歷史記憶，期望日久他鄉變故鄉，讓
住在旗津的大陳人有更幸福的感覺。[64]

高雄市政府團隊重視每個城市的特色，旗津是觀光景點，自有其
獨特吸引觀光客之處，跳出政黨政治的框架，高雄市雖是綠營執政，
大陳人只是一個小小的群體，但曾是扮演臺灣重大歷史事件的主角，
當初島民全部撤離，大陳的文化移植到臺灣的十二個縣市，高雄旗津
是其中的一個，公部門用心地希望外地人來旗津時，可以看到在地宜
居的特色，透過重視文化價值去發展城市。旗津的實踐新村擁有非常
獨特的大陳文化，旗津的海鮮豐富了大陳美食，創造出更多元的大陳
美味，和當年在高雄港碼頭的裝卸工，養活一大家戶，「有什麼就扛
什麼，最重的是每包一百公斤的砂糖，一天扛個上百趟」[65]的社會底
層之特殊生存經驗，惟有「不斷發掘城市特色，文化才是一個城市的
立足點」。

臺灣是多元文化的島嶼，島上的居民來自不同地方，族群的認同和
省籍的意識型態，是臺灣永不退燒的話題。希望大家以臺灣本土的眼光
來面對歷史，把過往被抹滅的歷史恢復，為臺灣留下歷史，用歷史記錄
臺灣，建構臺灣的英雄史觀，促進族群融合、大地共榮的社會。多元文
化政策源自於多元文化主義的意識型態，這是當代先進民主國家解決族

64　筆者在 2016 年 9 月 5 日參與旗津「大陳有囍」活動，陳菊市長記者招待會
　　致詞。
65　報導人賈小光，1934 年次，出生地：下大陳，口述。採訪日期：2017 年 5
　　月 1 日。

群衝突與安排族群政治的重要方針。臺灣是多元族群移民的社會，是需要建立在和諧的群體與轉型正義。如同蔡英文總統所說：

> 在轉型正義推動的過程中，社會應用同理心，以寬容的態度面對過去的歷史傷痕。我們只有一次機會，轉型正義攸關臺灣民主的深化，以及國家內部團結；未來將以追求社會的和解為前提，處理轉型正義。[66]

美食節活動結束，村民對「大陳美食節」私下跟筆者表達他們的想法，有人認為村裡舉辦活動，應該要重視村內的老人，發個兌換餐券，讓這些老人開心，畢竟這個主題是「大陳美食節」，原鄉的味道都是大陳的長輩傳承來的，大陳長輩才是歷史事件的主角，不是擺「大陳美食」宴客桌提供政府官員吃吃喝喝，要把經費用在刀口上。而且把觀光客帶進村子又怎樣？熱鬧個幾天又回歸平靜，對村民有幫助嗎？觀光客知道村民的歷史故事嗎？

另外也有對政府出資舉辦「大陳美食節」萬分感謝的鄉親，欣喜之情又顯得憂心忡忡地說，政府不會每年出這麼多錢來幫忙，因為要照顧的群體很多，所以我們要自立自強，讓大陳的群體透過美食強化，讓其他群體看見我們。

旗津「大陳美食節」本來是同鄉會的社團活動，因為臉書社群的推廣，造成媒體爭相採訪的對象，此舉吸引了旗津區公所的目光。因為地屬邊陲的旗津半島對外不易聯繫，旗津區公所希望透過美食節活動，帶動旗津觀光成為賣點。

---

66 〈促進轉型正義　蔡：只有一次機會〉，《自由時報》，2016 年 3 月 23 日。資料檢索日期：2016 年 6 月 11 日。網址：http://news.ltn.com.tw/news/politics/paper/971306。

在美食節的活動中，筆者感受到在臺出生的大陳子女雖然對於父執輩撤退來臺的歷史不甚清楚，甚至模糊。但是在「大陳美食節」的備料與烹煮大陳家鄉味的投入，似乎一點都不馬虎，因為所有一道道大陳佳餚都是建構在婆婆媽媽的傳承。坊間極少看到或聽聞大陳食譜，因此這些年輕的大陳世代對於旗津「大陳美食節」的敬業態度與認同參與令筆者相當佩服，這些經典的大陳美食只有嚐過的人才知道它的獨特與極鮮。

相 4-25　2016 年大陳彩繪巷。
資料來源：「高雄市浙江溫嶺同鄉會」臉書。資料檢索日期：2016 年 12 月 5 日。網址：https://www.facebook.com/groups/1636815333263650/？fref=ts。

相 4-26　報導人賈冬妹與賈小光在「蔣公感恩堂」廟埕內準備大陳美食。
資料來源：周秀慧攝。

　　筆者認為村子裡有些破舊的、已經沒有人居住的房子，如果政府在新村巷口設置「入口意象指示牌」，對於新村內尚保留當時樣貌的空屋，希望有關單位透過獎勵措施和私有權人接洽，以國家經費整修活化文化資源，擺放當時大陳人入住的簡單家具樣貌，還原一家五口以上或四口的生活擁擠情況，開放參觀，帶動觀光客認識大陳撤退的歷史事件及實踐新村，並且設置大陳美食站，如：魚乾、薑酒片、炒年糕、糖心糕、鴨圓、清圓（飴）、麥油煎或是坐月子餐的薑茶麵、薑汁蛋等，創造大陳青年就業，由當地大陳耆老擔任解說員，促成「文化財」的賣點。筆者充滿期待未來旗津「大陳美食節」的舉辦，透過大陳美食活動讓更多人知道大陳撤退是重要歷史事件，大陳文化更是臺灣獨特的多元文化之一，透過文化傳播的方式進而發揚旗津大陳文化，形成旗津地方的特色。

二、海峽兩岸大陳鄉情文化節

　　筆者從「高雄市浙江溫嶺同鄉會」總幹事莫咸祥的訪談中得知大陳同鄉會的運作，「高雄市浙江溫嶺同鄉會」在 2014 年 9 月向高雄市政府登記成立，人數約150 名左右，現在已兩百多人了。莫咸祥提到同鄉會成立的目的基於幫助大陳鄉親處理事務。莫咸祥說：

相 4-27　2014 年「高雄市浙江溫嶺同鄉會」成立，右一為總幹事莫咸祥先生。
資料來源：莫咸祥提供。

目前「高雄市浙江溫嶺同鄉會」跟對岸接洽的單位有兩個，一是台州市臺辦、一是椒江區臺辦。2014 年 9 月，台州市人民政府市長張兵帶頭，組成台州市金融考察團一行 8 人來臺北世界貿易中心，介紹台州經濟社會發展情形，還有台州與臺灣交流的情形。聯誼會結束後，台州市長張兵到高雄，當時我帶他參觀高雄旗津實踐新村，我們在小房子的蔣公廟，談著目前大陳人在大陳新村的生活情形，村民當年感恩蔣公將島民撤離並全家安居，因此以蔣公為神像做為祭拜是新村建廟的特色。談話過後，我見到張兵起身，在蔣公雕像前行九十度的鞠躬，從台州市長的此一動作，彷若訴說著：「謝謝蔣公將我台州的子民平安帶到臺灣安居樂業，我代表台州市感謝您。」

2015 年 4 月舉辦「海峽兩岸大陳鄉情文化節」的活動，紀念大陳島民遷臺 60 週年，台州市椒江區人民政府招待 150 位大陳鄉親，機票自費，吃住由臺辦安排，「高雄市浙江溫嶺同鄉會」分配到 35 個名額，但是想報名參加的人非常踴躍，所以分成兩批，我為求公平性，第一批參加的 35 位成員須每人拿出 8,000 元，做為第二批參加者的補助津貼；第二批參加者更多，大概五十多位。而且活動行程安排祭祖，參觀「孝慈堂」。祠堂是椒江區政府為大陳遷臺 60 年而蓋的，原本稱為「根祖祠」，楹聯是我找吳學實幫忙，「根深柢固經風霜歲月昂然佇立、祖德留芳衍億萬兒孫俎豆千秋」，後來請連戰為祠堂題名時，連戰題為「孝慈堂」；祠堂開幕時，對岸請我當主祭，所以祭文上有我的名字。[67]

67　報導人莫咸祥，1949 年次，出生地：下大陳，口述並錄影。採訪日期：2017 年 4 月 28 日。

相 4-28　2014 年台州市人民政府市長張兵與臺灣台州鄉親於臺北聯誼。
資料來源：莫咸祥提供。

　　中國人認同背後有一套意識形態的中國國族主義在支撐，在中國，受到帝國主義與殖民主義的刺激而興起的國族主義，流布於十九世紀末後，持續到今日。[68] 創制「傳統」的方式有兩種：一是出於人類刻意創造、建構而成；一種是在一段短時間內無形中成形。[69] 從「海峽兩岸大陳鄉情文化節」交流，2015 年「孝慈堂」是由椒江區政府建立，陳列「百家姓」祖宗牌位祭拜，與大陳人回鄉尋根祭祖是一種形式上和儀式化的程序，藉由反覆運作賦予其相關歷史過往的特徵。

68　盧建榮著，《分裂的國族認同：1975-1997》（臺北：麥田，1999），頁 32。
69　霍布斯邦（Eric Hobsbawn）等著，陳思仁等譯，《被發明的傳統》（臺北：貓頭鷹，2002），頁 11。

　　筆者透過訪談，有人認為臺灣是中國的一部分，大陳也是中國的一部分，大家同文同種來自中原，應該不分彼此，兩地浙江鄉親同聚一堂，所謂「樹高千尺不忘根，水流萬里總思源」，漂泊在「外地」的遊子，一見面都說台州話，濃濃的鄉音、淳淳的鄉情，浙臺本是一家親，文化需要交流與深化，而且現在中國發展之快、大陳島的面貌也轉變得翻天覆地，椒江的投資環境已讓許多臺灣的大陳鄉親回家鄉投資，為加快大陳的發展及傳承鄉情，椒江區人民政府還不斷開發，一方面通過修建一村一堂，努力營造更多的臺灣大陳人對中國原鄉的認同感。所以，大陳鄉親參加文化節活動接受中國官方邀請沒有什麼，都是中國人啊！

　　中國的官方試圖藉由「看見」「孝慈堂」地景營造民族記憶場所，「發明的地景」能夠同時在空間、符號與論述上再現民族國家的歷史，喚起想像社群的情感，創造身分認同。[70] 然而，對於「創發的傳統」來說，中國官方用大陳列祖列宗來對自己所作所為自圓其說，以及凝聚團體共識，大陳的返鄉「探親」與尋根祭祖關聯性是人工接合的，也是統戰的手段。當年中共砲轟島民，無情的戰火把島民逼到臺灣定居，很多島民是帶著五味雜陳的心情捨離。面對這種複雜的情緒，葉瑞元說：

> 聽長輩跟我們說，我們在那邊（上大陳）的房子是很大的，三層樓洋房，是有錢人家，以前我家在大陳就有好幾條舢舨船。來到臺灣後，分到一個田埂大小的地耕作，後來無法過生活，大家開始到外面找工作、打工。但是我們講台州話，

70　顏亮一著，〈文化遺產與認同建構：臺北與香港的殖民地景保存〉，《輔仁大學藝術學報》，5（2016），頁 10。

跟臺灣語言不通，也造成很大的誤解，認為我們大陳人很難
溝通。到小學三年級時，我才有一雙破布鞋。[71]

對葉瑞元來說，如果沒有大陳轉進，他在上大陳的身分應該是
個少爺，衣食無缺，但是，無情的國共內戰將葉氏家族從富豪變成赤
貧，葉瑞元讀到小三才有一雙破鞋，還捨不得穿呢！

中國以官方身分正式邀請臺灣的大陳人回鄉探親，全臺大陳同鄉
會名額分配造成轟動，還掀起第二團加碼熱潮。中國為了凝聚共識，
椒江區政府蓋建大型祠堂，陳列著百家姓祖宗牌位，文化節的行程安
排了祈福法會、尋根祭祖、念祭文、參觀大陳文史館以及一江山戰役
遺址史料館。中共的現代戰史上，稱道一江山戰役：「1955 年 1 月
18 日發起的一江山島為中心的大陳列島戰役，是我華東軍區陸海空
部隊對浙東沿海敵占島嶼的聯合登陸作戰，也是我人民解放軍陸海空
軍種首次聯合作戰。這次三軍協同登陸作戰的成功，為我軍現代化建
設和現代化作戰揭開新的一頁，在我軍歷史具有重要之意義。」[72]一江
山戰役對中共解放軍而言是驕傲的戰史。

事後，有同鄉會員私下跟筆者分享，每次文化節所分配到的名
額有限，所以參加的人都是那幾個，似乎有內定的人選，礙於同鄉情
面，索性不參加，免得傷和氣。對於參與文化節活動的事件，與當年
捨家抒難、忠貞保國贏得「義胞」尊稱之由來互為悖離。1955 年大陳
是全面撤退的，這與 1949 年大撤退，很多「外省人」在大陸的家鄉還
留有家戶群是不一樣的，很多 1949 年撤退的「外省人」在 1987 年政
府開放探親後，最後踏上祖國，都是在祖墳前磕頭跪拜的畫面。

71　報導人葉瑞元，1956 年次，出生地：臺灣，口述並錄影。採訪日期：2016
　　年 9 月 10 日。
72　林博文著，《石破天驚的一年：1949》（臺北：時報，2009），頁 57。

　　余光中在離開中國大陸整整二十年的時候，在臺北的舊居內一揮而就，寫出了〈鄉愁〉，「小時候，鄉愁是一枚小小的郵票，我在這頭，母親在那頭；長大後，鄉愁是一張窄窄的船票，我在這頭，新娘在那頭；後來啊，鄉愁是一方矮矮的墳墓，我在外頭，母親在裏頭；而現在，鄉愁是一灣淺淺的海峽，我在這頭，大陸在那頭。」文字深入淺出，從〈鄉愁〉中，看見一水之隔、兩岸相思之愁，余光中的萬般感慨，鄉情怯怯。

　　葉瑞元說：「後來共產黨時，把我爺爺的墓挖掉，因為要蓋環島公路。所以對我來說，我不願意回去。我對那邊沒有懷念，這跟我去到了大陸，大陳跟廣東沒有差別啊！大陳沒有東西讓我留念。我的父母都葬在旗津。」[73]

　　林春生說：「我們後來回大陳島將祖父骨灰運回臺灣，現在擺在臺北大伯父那裏祭拜，神主牌位放在祖父老家福州林森縣林氏祠堂。」[74]

　　曹何青說：「我十多年前回去過大陸，但沒上大陳島，因為親人不在那兒，但是有去浙江溫嶺找姪兒、表哥。」[75]

　　吳學寶說：「關於文化節我不參加，因為整個上大陳，無親人蘆墓在那兒，土地、田園、房屋的懷念不復再往。」[76]

73　報導人葉瑞元，1956 年次，出生地：臺灣，口述並錄影。採訪日期：2016 年 9 月 10 日。

74　報導人林春生，1952 年次，出生地：下大陳，口述並錄影。採訪日期：2016 年 7 月 21 日。

75　報導人曹何青，1926 年次，出生地：下大陳，口述並錄影。採訪日期：2016 年 7 月 19 日。報導人於 2016 年 12 月辭世，享年 91 歲。

76　報導人吳學寶，1943 年次，出生地：上大陳，電郵。採訪日期：2017 年 7 月 11 日。

　　事實上，撤離超越一甲子，許多大陳人再次回到故鄉已人事全非，原本居住之處國家已闢為種樹區、或開發成觀光區、甚至連祖墳都不在。臺灣的大陳人回鄉探親在文化節所展現的是一種對大陸原鄉的認同，是一種既熟悉又帶有疏離的國族想像的認同，回鄉探親的國族概念是被建構出來的。

　　在臺灣生活大半輩子的大陳人，當他們踏上日夜思念的家鄉時，已完全不是想像的模樣，儘管鄉音無改、儘管懷念彼岸，但是臺灣的家才是「故鄉」，也是後代子孫傳承綿延的地方，而大陳的島嶼，是想像的故鄉，是觀光旅遊消費的地方。

　　「家」與「國」的情感認同在大陳人的生命歷程經驗裡，扮演著很重要的角色。人們生活在空間中，以地方來形構認同是日常社會實踐不可或缺的部分。認同與日常生活經驗、主體情感相關，生活經驗與情感鑲嵌在廣泛的社會關係、文化和經濟環境。所以認同有個別性之外，也涉及群體性社會關係聯繫。人生命的循序漸進正如世代般皆是生存的宿命，世代差別影響著人們的尺度認同。各世代在尺度認同的表態上，則與個人生命歷程的每個階段息息相關，就過程與階段的辯證，生命空間的擴大與縮小與個人的生命歷程相涉。[77] 筆者訪談旗津的「大陳美國人」他們以後是否會回到臺灣定居這個問題，各報導人的看法不一。

　　梁景富說：「人親土親，我的親人還在旗津，我當然會回來，就算家人都走了，我還是會回來掃墓祭拜。」[78]

77　涂函君、蘇淑娟，〈世代的空間尺度認同之研究〉，《人口學刊》，44（2012），頁 153、125-169。

78　報導人梁景富，1958 年次，出生地：臺灣，口述。採訪日期：2017 年 4月 7 日。現居美國。

　　葉冬福說：「爸媽雖然都走了，但還是會回來旗津住一段時間，看看親友，臺灣是故鄉。」[79]

　　張雲萍說：「如果以後在臺灣的親人都不在了，我也不會再回來。」[80]

　　張貴富說：「以後要住哪裡沒有想那麼多，看情況。」[81]

　　葉秀蓮說：「我臺灣都有準備房子，以後我們要回臺灣住。」[82]

　　曹秀姣說：「我也跟外子談過，退休後會回來住，半年在旗津，半年在美國。」[83]

　　徐春妹、陸友順說：「小孩、媳婦都在美國，我們在感恩堂附近購屋，離我媽媽家又近，語言溝通上都蠻方便的。持續當個『空中飛人』，臺灣、美國兩邊生活。」[84]

　　最後，當筆者問到敏感的落葉歸根的話題，報導人徐○妹也分享了這麼一段：

79　報導人葉冬福，1960 年次，出生地：臺灣，電話採訪。採訪日期：2017 年 3 月 21 日。現居美國。

80　報導人張雲萍，1969 年次，出生地：臺灣，口述並錄影。採訪日期：2016 年 4 月 23 日。現居美國。

81　報導人張貴富，1956 年次，出生地：臺灣，電話採訪。採訪日期：2017 年 3 月 21 日。現居美國。

82　報導人葉秀蓮，1954 年次，出生地：下大陳，口述並錄影。採訪日期：2016 年 9 月 12 日。現居美國。

83　報導人曹秀姣，1969 年次，出生地：臺灣，口述並錄影。採訪日期：2016 年 7 月 10 日。現居美國。

84　報導人徐春妹，1954 年次，出生地：大陳，口述並錄影。採訪日期：2016 年 6 月 10 日。現居美國。報導人陸友順，1946 年次，出生地：下大陳，口述並錄影。採訪日期：2016 年 6 月 10 日。現居美國。

我這次回來是買半年的票，要待五個月，因為我先生最小的
親兄弟在美國往生，他之前交代我們，把他的骨灰運回臺
灣。所以我們把他送到生命紀念館，即便在那邊走了，還是
會想落地歸根，還是自己的國家好。[85]

從旗津的「大陳美食節」活動，筆者觀察到新一代的大陳人希
望透過吃的「軟實力」，創造大陳人的認同價值與凝聚感情、活絡產
業。尤其，當老一輩的大陳人跟子孫提起大陳撤退的離鄉之苦時，對
新一代的大陳子女而言，那是模糊的、是不清楚的；但是，對於從小
在餐桌上擁有奶奶或媽媽烹煮的家鄉菜，這個味道是熟悉的，所以，
在美食節活動中看到新一代的大陳子女站出來，大陳美食的文化才能
夠延續下去。

然而，從「海峽兩岸大陳鄉情文化節」活動，筆者觀察到「文化
節」與「孝慈堂」，因為大陸官方以正式身分邀請臺灣大陳鄉親每年
組團返鄉祭祖，試問百家姓的神主牌位，祖從何來、姓從何方？事實
上，大陳撤退來臺超越一甲子，大陳島經過中國開發，現在是觀光旅
遊勝地，很多來臺的大陳人在島上的祖墳早不知道在哪裡？當年島民
是全家撤退的，大陳島上早就沒有家人了，回去大陳島只是旅遊觀
光、看看罷了。但是參與「文化節」的人心裡都很清楚：大陳島是既
熟悉又遙遠的國度，臺灣才是自己的國家，臺灣才是熟悉的土地。報
導人應小春說：「我來臺灣的時候是十歲，對大陳家鄉沒什麼記憶，
而且我的父母都葬在臺灣，這才是最親的，即使島上有爺爺奶奶的
墳，是沒什麼感情和記憶了。」[86]

85　報導人徐春妹，1954 年次，出生地：下大陳，口述並錄影。採訪日期：
　　2016 年 6 月 10 日。現居美國。

86　報導人應小春，1945 年次，出生地：大陳，口述並錄影。採訪日期：2017
　　年 7 月 27 日。

　　至於，對旗津的「大陳美國人」來說，人生到處知何似？應似飛鴻踏雪泥。斷梗飄萍、蹤跡不定的「大陳美國人」，臺、美兩地的親人在哪裡？家就在那裡。

第五章　結論

　　國共內戰從內陸打到海上，1950 年代的冷戰時期遂成為中國沿海的島嶼戰爭，大陳島位於浙、閩、粵海上的咽喉，是台州列島的中心，也是反共的前哨站。國軍自 1950 年舟山撤退後，大陳列島便成為國軍最後戍守的島嶼，為了鞏固大陳的防衛，國府在島上從事民生、軍事建設，然而隨著 1953 年 7 月韓戰達成停火協議後，島上的開發與建設陷入危機，大陳島民在中共的威脅下，生活苦不堪言。

　　1954 年開始，中共接連轟炸金門、大陳，然而美國始終對這些東南沿海小島不認為具有戰略價值，也遲遲不願納入協防的範圍，更深怕小島引發臺海大規模的戰爭。經過不停地磋商，國府與美方終於在 1954 年 12 月簽訂《中美共同防禦條約》。此一舉動激怒中共，中共因此趁防禦條約尚未生效前，轟炸一江山。隨著一江山的失守，大陳防務岌岌可危，蔣中正盱衡局勢，決定大陳軍民轉進臺灣。民風純樸的大陳島，成為蔣中正權力爭奪戰的中繼站，然而戰爭殘酷的無情摧毀，島民選擇捨離，轉進臺灣。套句報導人說的：「蔣公是個領導者，但終究還是失敗了。」[1]

　　對於一萬八千餘名來臺的「大陳義胞」，國家給予安置和就業輔導，也因為安置與輔導的方案過於急就章，因此「居住」與「就業」陸續產生問題，和當初的規畫有極大的落差。在居住方面，有大陳新村座落的地點不理想而導致遷村、蓋建的品質有些還是就地取材，草草了事，如：屏東高樹鄉五村（百畝、虎盤、南麂、自強、日新）是撿荖濃溪的石頭蓋屋身。就業方面，以農民而言，當初就業輔導從事農民者有 1,256 戶，在「漁、農、工、商」的職業安排中，人數高居第

1　報導人張貴富，1956 年次，出生地：臺灣，電話採訪。採訪日期：2017 年 1 月 12 日。現居美國。

二，但是農民也有「一農兩制」，即分為「墾農」與「僱農」兩種。「墾農」有分配到土地，但墾區有水利的問題、土地也嚴重貧瘠，土地無生產力；「僱農」雖沒有被分配土地，但是政府有轉介紹到臺糖、水泥廠等工作，然因為「僱農」者家戶中老弱疾病者多，有十分之四以上又生育過多，生活困窘。另外，漁民不諳太平洋海象，或不熟悉機動船的操作，很多漁民喪送性命。從事工商業者，也經常面臨無工可做。總之，大陳人的就業輔導執行過程粗糙，普遍生活陷入困境。

鑒於種種亂象，1960年代政府第二次施行輔導就業計畫，旗津湧入大量的求職人口，居住的問題也浮上檯面。而且隨著第二次輔導就業中，有些從事海員者，有機緣接觸美國，因而引發跳船、跳機美國的事件。這些旗津的「大陳美國人」胼手胝足，在美國的子女也延續了下一代，每年旗津「大陳神明」的壽誕，這些移民者也多數出現在「平安宴」上，香油錢的贊助總是第一。

早期，以「蔣公」為戰爭體制下的臺灣社會道德視域、權力以及資源為中心的大陳移民，獲得國家資源的挹注得以生存，並享有義無反顧、投奔自由的「義胞」尊稱，然而1975年蔣中正過世的事件，大陳人深覺失去強力的「靠山」，因此，以「祭拜蔣公」的方式圈地，「合法」成立「蔣公」廟宇，藉此鞏固大陳地盤。隨著「大陳義胞」公共論述的消失，新一代大陳人以「大陳神明」的廟會，建構大陳的集體認同。

近年來，旗津實踐新村舉辦「大陳美食節」的活動沸沸揚揚，是喚醒原鄉塵封已久的記憶，因為在臺灣很少看得到大陳美食的店家，今日能夠在臺灣品嘗到大陳美食都是長輩們建構在母親烹煮的口味上，實屬難能可貴。另外，透過同鄉會與大陸官方舉辦的「海峽兩岸

大陳鄉情文化節」活動，在臺的大陳鄉親對於熟悉又陌生的國族想像之認同，臺灣是中國的一部分，大陳是中國的一部分，同文同種，應該不分彼此！當他們踏上原鄉時，有人是近鄉情怯、忐忑緊張，有人是帶著嘗鮮的心態，到原鄉走馬看花。然而，當筆者進一步詢問有否可能回原鄉終老，他們的答案則說不可能了，回家鄉只是想看看出生的地方罷了。地理上，我們與中國相近，地球村的年代，將人與人之間的關係變得緊密；心理上，兩岸糾結的民族情感與淵源，又豈能相忘？

當年有些大陳人因為從事海員，接觸美國後就跳船，成為偷渡客打黑工，每天躲移民局。跳船者的眷屬耐不住思念，也紛紛跳機成為非法入境的勞動者。最後這些大陳人有的成為美國公民，紛紛在美國開起中國餐館、或從事房地產、或擔任商會會長，為當地帶來移民的經濟效應，創造就業機會，大陳子弟創業的故事令人敬佩。然而，當筆者詢問他們退休後會選擇哪裡定居？他們的答案總是游移，哪裡有親人哪裡去，但是美國的退休金絕不放棄，每個月匯到帳戶裡，養老總要有 Money。

本書記錄著中國、臺灣與美國身分的移民群體，六十幾年過去了，他們大多歷經了撤離、定居、遷徙、適應、同化的過程。大陳人來臺超越一甲子，隨著時間的流逝，大陳人對臺灣土地的認同是不可同日而語的。儘管時空的遞嬗耦合帶有情境的脈絡色彩，尺度認同的流變與暫定遂在世代生命歷程中發生；悲壯的時代已經過去，但是塵埃仍在起伏，苦難即是一堂刻骨銘心的教育。筆者希望以對地方之愛，忠實記錄大陳人這段艱辛的歲月，在訪談的人物中，多位旗津大陳長輩們高齡超過八十歲者，看見他們有時還會用臺語跟閩南人交談，他們的生活早已融入臺灣了，1955 年大陳的歷史事件或許經由

世代交替而逐漸遺忘，然而，自然環境背景與區域的文化脈絡不斷變遷，大陳文化更需要繼續深入融合於地方，認同旗津，大陳的故事不能斷，筆者正努力地記錄著。

參考文獻

一、史料

（一）檔案

行政院國際經濟合作發展委員會，《大陳地區反共義胞來臺輔導委員會組織規程（1955.02）》，中央研究院近代史研究所檔案館，館藏號：30-01-01-010-015。

行政院國際經濟合作發展委員會，《大陳新村發展計畫（1961-1973）》，中央研究院近代史研究所檔案館，館藏號：36-18-004-048。

行政院國際經濟合作發展委員會，《大陳義胞安置計畫總卷（1955-1958）》，中央研究院近代史研究所檔案館，館藏號：36-18-004-039。

行政院國際經濟合作發展委員會，《大陳義胞安置計畫總卷（1958-1962）》，中央研究院近代史研究所檔案館，館藏號：36-18-004-040。

行政院國際經濟合作發展委員會，《大陳義胞住宅興建計畫（1955-1963）》，中央研究院近代史研究所檔案館，館藏號：36-18-004-045。

（二）地方志

清・張聯元主修，《臺州府志》（臺北：東方文化，1970）。

清・慶霖修、戚學標等纂，《嘉慶太平縣志》（上海市：上海，1993）。

（三）報紙

〈大陳義胞來臺一甲子　旗津舉辦大陳文化美食展〉，《自由時報》，2016年9月5日。資料檢索日期：2017年4月23日。網址：http://news.ltn.com.tw/news/life/breakingnews/1816668。

〈大陳義胞披麻帶孝瞻仰　蔣公遺容〉,《中央日報》,1975 年 4 月 13
　　日,3 版。

〈大陳義胞就業輔導委員會結束　未完業務移交省府〉,《中央日報》,
　　1956 年 9 月 30 日,3 版。

〈促進轉型正義　蔡:只有一次機會〉,《自由時報》,2016 年 3 月 23 日。
　　資料檢索日期:2016 年 6 月 11 日。網址:http://news.ltn.com.tw/
　　news/politics/paper/971306。

〈匪軍陳屍登步島　我將士神威一擊斃匪萬三　六十小時搏鬥獲不朽戰
　　果定海登步島之捷特寫〉,《中央日報》,1949 年 11 月 12 日,8 版。

〈義胞慶祝來臺週年　蔣經國昨親往慰問〉,《聯合報》,1956 年 2 月 8
　　日,5 版。

〈旗津蔣公廟　神蹟傳說最多〉,《中時電子報》,2016 年 10 月 31 日。
　　資料檢索日期:2017 年 3 月 1 日。網址:http://www.chinatimes.
　　com/newspapers/20161031000352-260107。

〈蔣公廟　介石讓位給觀音〉,《蘋果日報》2007 年 2 月 9 日。資料檢
　　索日期:2016 年 12 月 5 日。網址:http://www.appledaily.com.tw/
　　appledaily/article/headline/20070209/3244469/。

〈蔣夫人昨訪問　在高大陳義胞〉,《聯合報》,1956 年 2 月 9 日,1 版。

二、中文專書

247 網路行銷團隊著(2011),《讚!Facebook 社群行銷術》。臺北:電腦
　　人文。

Chris Barker 著,羅世宏主譯(2010),《文化研究:理論與實踐》。臺北:
　　五南。

Jean-Jacques Courtine 主編，孫聖英等譯（2013），《身體的歷史》卷三。
　　上海：華東師範大學。

Mike Crang 著，王志弘、余佳玲、方淑惠譯（2003），《文化地理學》。臺
　　北：巨流。

Paul Adams 著，林義傑譯（2012），《社群效應：小圈圈如何改變世界》。
　　臺北：碁峯。

Peter Kivisto 著，陳宗盈、連詠心譯（2007），《多元文化主義與全球社
　　會》。臺北：韋伯。

Tim Cresswell 著，徐苔玲、王志弘譯（2006），《地方：記憶、想像與認
　　同》。臺北：群學。

丁雯靜、唐一寧撰文（2012），《最後島嶼紀實：台灣防衛戰 1950-1955》。
　　臺北：時周文化。

于宗先、王金利著（2009），《臺灣人口變動與經濟發展》。臺北：聯經。

大衛・柯克派崔克（David Kirkpatrick）著，李芳齡譯（2011），《facebook
　　臉書效應：從 0 到 7 億的串連》。臺北：天下。

戈春源著（2004），《賭博史》。臺北：華成。

文化部（2014），《島嶼碼頭新故鄉－大陳島撤退影像紀實》。臺北：文化
　　部，。

王明珂著（1997），《華夏邊緣：歷史記憶與族群認同》。臺北：允晨。

王蜀桂著（2007），《黃昏的歌聲～旗津阿嬤的生命故事》。高雄：良格。

王賢德編（2001），《高雄市區里沿革圖誌》。高雄：高雄市文獻委員會。

白允宜等編輯（2000），《臺灣工業發展 50 年》。臺北：經濟部工業局。

艾德華・薩伊德著（Edward Said），單德興譯（2004），《知識分子論》。
　　臺北：麥田。

吳昭明著（2000），《雙城記：臺南波士頓文化交流》。臺北：傳文。

吳學寶著（2010），《溯源》。臺北市：六景。

吳學寶著（2013），《腳印》。臺北市：六景。

吳學寶著（2015），《瑣譚》。花蓮市：吳學寶。

吳學寶著（2016），《拾珍》。花蓮市：吳學寶。

汪浩著（2014），《冷戰中的兩面派：英國的臺灣政策 1949-1958》。臺北：
　　有鹿文化。

汪瀚著（2007），《麻將打油詩百篇》。臺北：秀威。

周湘華著（2008），《遺忘的危機：第一次台海危機的真相》。臺北：秀威。

彼得‧史托克著（Peter Stalker），蔡繼光譯（2002），《國際遷徙與移民：
　　解讀「離國出走」》。臺北市：書林。

彼得‧柏克（Peter Burke）著，江政寬譯（2002），《歷史學與社會理論》。
　　臺北：麥田。

於憑遠、羅冷梅編纂（2014），《胡宗南上將年譜》。臺北：臺灣商務。

林孝庭著（2015），《台海‧冷戰‧蔣介石：解密檔案中消失的台灣史
　　1949-1988》。臺北：聯經。

林佩穎、李怡志著（2016），《港都人生　旗津島民》。新北市：木馬。

林桶法著（2009），《1949 大撤退》。臺北：聯經。

林博文著（2009），《石破天驚的一年：1949》。臺北：時報。

林繼中釋譯（1997），《中國佛教名山勝地寺志》。臺北：佛光，。

哈羅德‧伊薩克著（Harold R. Issaacs），鄧伯宸譯（2004），《族群：集體
　　認同與政治變遷》。臺北縣：立緒。

姚誠主編（2002），《從「異鄉」到「家鄉」：花蓮大陳聚落生活文化田野
　　紀實》。花蓮：花蓮縣文化局。

威爾‧金里卡（Will Kymlicks）著，鄧紅風譯（2004），《少數群體的權
　　利：民族主義、多元文化主義和公民權》。臺北：左岸。

夏鑄九著（2009），《空間，歷史與社會：論文選 1987-1992》。臺北：臺
　　灣社會研究雜誌。

秦孟瀟主編，《四大名山：五台山、峨眉山、普陀山、九華山》（臺北：
　　珠海，1989），頁 7。

翁台生著（1991）《CIA 在臺活動秘辛－西方公司的故事》。臺北：聯經。

郝柏村著（2011），《郝柏村解讀蔣公日記：一九四五～一九四九》。臺北：
　　天下遠見。

張承漢著（1994），《社會組織與社會關係》。臺北：幼獅。

梁靜源著（1994），《美國華工田園生涯》（*ONE DAY, ONE DOLLAR: The
　　Chinese Arming Experience in the Sacramento River Delta, California*）。
　　臺北：文史哲。

許烺光著，單德興譯（1997），《美國夢的挑戰：在美國的華人》。臺北：
　　南天。

許慶雄著（1995），《臺灣的國家定位》。臺北：知英。

郭冠麟主編（2005），《從竹籬笆到高樓大廈的故事：國軍眷村發展史》。
　　臺北：史政編譯室。

陳仁和編著（1984），《大陳島—英雄之島》。臺北：上海，1987。

陳秀容、江宜樺主編（1995），《政治社群》。臺北：中研院社科所。

陳奕齊著（2015），《打狗漫騎－高雄港史單車踏查》。臺北：前衛。

陳玲著（2010），《舟山撤退機密檔案：六十年前的一頁滄桑》。臺北：時
　　英。

陳玲著（2015），《大陳記憶‧兩岸新移民的悲歡》。臺北：時英。

陳儀深等編輯（2004），《臺灣國家定位的歷史與理論》。臺北：玉山社。

陳靜瑜著（2003），《從落葉歸根到落地生根：美國華人社會史論文集》。臺北：稻鄉。

單德興著（2011），《薩依德在台灣》。臺北：允晨。

曾玉昆著（1997），《高雄市地名探源》。高雄：高雄市文獻委員會。

黃耀能總纂、張守真協纂（1996），《續修高雄市志‧卷六‧工務志都市計畫國宅篇》。高雄：高雄市文獻委員會，1996）。

楊旭淵著（2010），《麻將趣譚》。臺中：捷太。

葉振輝著（2004），《高雄市社會發展史.移民篇》。高雄市：高市文獻會。

葛超智（George H. Kerr）原著，柯翠園、詹麗茹（2016），《被出賣的臺灣（重譯校註）》。臺北：臺灣教授協會。

旗津民間博物館計畫（2014），《旗刊，第三期》。高雄：高雄市關懷臺籍老兵文化協會。

臺北縣浙江省溫嶺同鄉會編印（2005），《大陳遷臺五十週年紀念特刊》。臺北：楨平。

臺灣省政府新聞處編著（1995），《臺灣光復五十年專輯：經濟發展的回顧與展望‧經濟建設篇》。臺中：臺灣省政府新聞處。

臺灣教授協會編著（2009），《臺灣國家定位論壇》。臺北：前衛。

趙滋蕃著（1985），《烽火一江山：王生明傳》。臺北：幼獅。

劉伯驥著（1981），《美國華僑史續編》。臺北：黎明。

劉毅夫著（1992），《風雨十年──一個戰地記者的見證》。臺北市：華視文化，

蔡佳菁著（2016），《戰爭與遷徙：蔡姓聚落與旗津近代發展》。高雄：春暉，2016）。

盧建榮著（1999），《分裂的國族認同：1975-1997》。臺北：麥田。

蕭阿勤、汪宏倫主編（2016），《族群、民族與現代國家：經驗與理論的反思》。臺北：中央研究院。

蕭阿勤著（2010），《回歸現實：臺灣1970年代的戰後世代與文化政治變遷》。臺北：中央研究院。

蕭新煌、林開忠（2008），〈家庭、食物與客家認同：以馬來西亞客家後生人〉，張玉欣主編，《中國飲食文化學術研討會論文集：第10屆》。臺北：中國飲食文化基金會。

霍布斯邦（Eric Hobsbawn）等著，陳思仁等譯（2002），《被發明的傳統》。臺北：貓頭鷹。

戴晴主編（1992），《普陀觀音聖誕法會》。臺北：漢聲。

謝高橋著（1981），《都市人口遷移與社會適應－高雄市個案研究》。臺北：巨流。

譚伯牛著（2007），《天下殘局》。臺北：知本家。

麗莎‧瑪格內莉（Lisa Margonelli）著，謬靜芬譯（2008），《無所不在的石油經濟：從加油站到油田，沿著輸油管看世界》。臺北：先覺。

三、學位論文

田金昌（2004），〈臺灣三官大帝信仰—以桃園地區為中心（1683~1945）〉。臺北：國立中央大學歷史系研究所碩士論文。

何政哲（2004），〈大陳過台灣—1950年代新移民的個案研究〉。臺北：淡江大學歷史學系研究所碩士論文。

柯凱珮（2002），〈大陳人移民經驗的認同歷程〉。花蓮：國立花蓮師範學院多元文化研究所碩士論文。

張素勤（2013），〈大陳移民的聚落發展與社會生活變遷－以屏東縣新園鄉中興新村為例〉。臺東：國立東華大學臺灣文化學系研究所碩士論文。

梁愛梅（2013），〈高屏地區大陳人的聚落生活與民俗信仰〉。臺南：國立臺南大學臺灣文化研究所碩士論文。

陳怡君（2006），〈富裕的陰間－當代大陳女性與燒庫屋習俗〉。臺北：臺灣大學人類學系研究所碩士論文。

黃棋鉦（2008），〈高雄市旗津地區的聚落發展與產業變遷〉。高雄：國立高雄師範大學地理學系研究所碩士論文。

葉家欣（2004），〈馬斯洛的人本思想及其在公共行政之探究意涵〉。臺北：國立臺北大學公共行政暨政策學系研究所碩士論文。

四、期刊論文

Carl L.Becker 撰、黃煜文譯（2014），〈每個人都是他自己的史家〉,《歷史臺灣大眾史學專題》,8,頁 151-166。

丁仁傑（2012），〈全球化下的地方性：臺南西港刈香中的時間、空間與村際網絡〉,《臺灣人類學刊》,10（1）,頁 93-158。

王御風（2012），〈日治時期高雄造船工業發展初探〉,《高雄文獻》,2（1）,頁 59-75。

吳智鴻、蔡依錞（2014），〈以科技接受模式來探討社群網站 Facebook 的使用意圖〉,《國立臺灣科技大學人文社會學報》,10（1）,頁 29-44。

李廣均（2015），〈臺灣「眷村」的歷史形成與社會差異：列管眷村與自力眷村的比較〉,《臺灣社會學刊》,57,頁 129-172。

凃函君、蘇淑娟（2012），〈世代的空間尺度認同之研究〉,《人口學刊》,44,頁 125-169。

張淑雅（1989），〈中美關係白皮書的影響〉,《歷史月刊》,23,頁 81-83。

張淑雅（1989），〈杜魯門與臺灣〉,《歷史月刊》，23，頁 75-81。

陳昊旻著（2000），〈從消失中的美國船旗看我國國輪未來之發展〉,《中華民國海運月刊》，180，頁 2-12。

陳緯華（2008），〈靈力經濟：一個分析民間信仰活動的新視角〉,《臺灣社會研究季刊》，69，頁 57-106。

陳緯華、張茂桂（2014），〈從「大陳義胞」到「大陳人」：社會類屬的生成、轉變與意義〉,《臺灣社會學刊》，27，頁 51-95。

顏亮一（2016），〈文化遺產與認同建構：臺北與香港的殖民地景保存〉,《輔仁大學藝術學報》，5，頁 5-43。

魏光莒著（2011），〈由地方的構成反思現代空間－一種現象地理學的解讀〉,《環境與藝術學刊》，10，頁 107-129。

五、網路資料

〈【臺灣演義】1955 最後大撤退〉，2016 年 4 月 3 日。資料檢索日期：2016 年 11 月 9 日。網址：https://www.youtube.com/watch？v=vc4mDiacgec。

〈2012 年高雄市易致災環境調查與評估成果報告書〉,《國家災害防救科技中心》，2013 年 5 月。資料檢索日期：2016 年 12 月 5 日。網址：http://61.56.4.176:9000/NCDRFile/CitySubject/CityotherInfo/64/%E7%AC%AC%E4%B8%89%E7%AB%A0%20%E6%98%93%E8%87%B4%E7%81%BD%E7%92%B0%E5%A2%83%E6%8C%87%E6%A8%99%E8%AA%BF%E6%9F%A5.pdf。

〈大陳同鄉會慶三十週年　梁娜玲接任會長〉,《波士頓菊子》，2014 年 7 月 8 日。資料檢索日期：2016 年 6 月 20 日。網址：http://bostonorange.blogspot.tw/2014/07/blog-post_7609.html。

〈大陳義胞徒手挖防空洞，讓蔣經國躲過轟炸〉。資料檢索日期：2016
年 12 月 12 日。 網址：http://hurt633.pixnet.net/blog/post/27992131-
%E5%A4%A7%E9%99%B3%E7%BE%A9%E8%83%9E%E5%BE
%92%E6%89%8B%E6%8C%96%E6%B4%9E---%E8%AE%93%E
8%94%A3%E7%B6%93%E5%9C%8B%E8%BA%B2%E9%81%8E
%E8%BD%9F%E7%82%B8%E2%80%A6。

〈中研院臺灣百年歷史地圖〉，資料檢索日期：2017 年 4 月 2 日。網址：
http://gis.rchss.sinica.edu.tw/index.php？option=com_content&view=a
rticle&id=862%3A2013-06-18-06-44-51&catid=59%3A2008-05-27-01-
54-05&Itemid=70&lang=zh。

〈去寧波見證麻將的歷史〉，《中國評論月刊網絡版》，2012 年 11 月 2
日。資料檢索日期：2017 年 4 月 19 日。網址：http://hk.crntt.com/
crn-webapp/mag/docDetail.jsp？coluid=26&docid=102288468&page=2。

〈立夏在台州又被稱為醉夏〉，《東方論壇》。資料檢索日期：
2017 年 6 月 10 日。 網 址：https://bbs.317005.net/index.php？
m=3g&c=read&tid=552。

〈百公尺彩繪巷　訴盡大陳故事〉，《聯合新聞網》，2016 年 9 月 6 日。
資料檢索日期：2017 年 1 月 1 日。網址：https://udn.com/news/
story/7314/1942115。

〈浙江省大陳區行政督察專員公署佈告〉，文化部：國家文化資料庫。資
料檢索日期：2017 年 3 月 7 日。網址：http://nrch.culture.tw/view.
aspx？keyword=%E5%A4%A7%E9%99%B3&s=2316774&id=00008
16582&proj=MoC_IMD_001。

〈追尋大陳：游走在島與島的記憶〉。資料檢索日期：2017 年 7 月 3 日。
網址：http://blog.roodo.com/dachen。

〈陳魚門〉,《百度百科》。資料檢索日期：2017 年 4 月 12 日。網址：
　　http://baike.baidu.com/item/%E9%99%88%E9%B1%BC%E9%97
　　%A8。

〈華裔美軍二戰建功立業〉,《世界新聞網》,資料檢索日期：2016 年 11
　　月 17 日。 網 址：http://www.worldjournal.com/2062734/article-%E8
　　%8F%AF%E8%A3%94%E7%BE%8E%E8%BB%8D%E4%BA%8C%
　　E6%88%B0%E5%BB%BA%E5%8A%9F%E7%AB%8B%E6%A5%
　　AD/。

〈勤務艦艇室〉,《中國軍艦博物館群》。資料檢索日期：2017 年 6 月 9
　　日。網址：http://60-250-180-26.hinet-ip.hinet.net/taiwan/4525.html。

〈臺灣人不只要慶祝老蔣生日,還要當神拜！外國人都驚奇的全臺「蔣
　　公廟」總整理〉,《風傳媒》,2016 年 10 月 28 日。資料檢索日期：
　　2017 年 1 月 8 日。網址：www.storm.mg/lifestyle/161488。

〈世界人權宣言〉全文,資料檢索日期：2016 年 11 月 15 日。網址：htt
　　p://www.un.org/zh/universal-declaration-human-rights/。

【決標】2016 高雄旗津喚醒「陳」封的記憶～探訪大陳文化暨大陳美食
　　節,《BizQ 電子招標採購網》,2016 年 8 月 10 日。資料檢索日期：
　　2017 年 4 月 5 日。 網址：http://gov.bizq.com.tw/award/show_detail_
　　awd.php？storyid=201608113072436。

【歷史典藏品】臺灣外省人,生命記憶與敘事,資料庫數位典藏計畫。
　　中央研究院社會學研究所。資料檢索日期：2016 年 12 月 5 日。網
　　址：http://ndweb.iis.sinica.edu.tw/TWM/Public/content/story/collectabl
　　e.jsp？pk=546。

【歷史典藏品】臺灣外省人,生命記憶與敘事,資料庫數位典藏計畫。
　　中央研究院社會學研究所。資料檢索日期：2017 年 6 月 15 日。網

址：http://ndweb.iis.sinica.edu.tw/TWM/Public/content/story/collectabl
e.jsp？pk=519。

中華民國國防部民意信箱。資料檢索日期：2017 年 6 月 24 日。網址：
http://www.mnd.gov.tw/Publish.aspx？Prod=PoMailBox.aspx&Title=
%E6%B0%91%E6%84%8F%E4%BF%A1%E7%AE%B1&style=%E6
%B0%91%E6%84%8F%E4%BF%A1%E7%AE%B1&s=1。

地籍圖資網路便民服務系統。資料檢索日期：2017 年 6 月 19 日。網
址：http://easymap.land.moi.gov.tw/R02/Index#。

地籍圖資網路便民服務系統。資料檢索日期：2018 年 5 月 19 日。網
址：http://easymap.land.moi.gov.tw/R02/Index#。

張茂桂筆、潘婉明、陳緯華田調與初稿，〈生之地景　大陳人在臺灣〉，
《臺灣外省人生命記憶與敘事資料庫》。資料檢索日期：2016 年 12
月 5 日。網址：http://ndweb.iis.sinica.edu.tw/TWM/Public/pdf/dache
n.pdf。

蔣公感恩堂 2012 年 11 月 2 日法會光碟片記者採訪，〈蔣公頻頻託夢？
燒法船超渡將士〉，《中華電視公司》，2012 年 11 月 2 日。資料檢
索日期：2017 年 3 月 1 日。網址：http://news.cts.com.tw/cts/general
/201211/201211021133047.html#.WoNkoG996M8。

六、口述採訪

張秀雄。採訪日期：2017 年 6 月 19 日。

莫咸祥，1949 年次，出生地：下大陳，口述並錄影。採訪日期：2017 年
4 月 28 日。

郭芯莛，1973 年次，電話採訪。採訪日期：2017 年 6 月 19 日。

陳曉婷，電話採訪。採訪日期：2017 年 6 月 18 日。

報導人王〇富，1933 年次，出生地：下大陳，口述並錄影。採訪日期：
　　2016 年 5 月 22 日。

報導人王以瑾，出生地：臺灣，口述並錄影。採訪日期：2016 年 7 月 28
　　日。

報導人王寶君，1966 年次，出生地：浙江，口述並錄影。採訪日期：
　　2017 年 6 月 17 日。

報導人江湯圓，1932 年次，出生地：下大陳，口述並錄影。採訪日期：
　　2016 年 5 月 9 日。

報導人吳學寶，1943 年次，出生地：上大陳，電話採訪。採訪日期：
　　2017 年 6 月 16 日。

報導人沈〇壽，1950 年次，出生地：下大陳，口述並錄影。採訪日期：
　　2016 年 5 月 27 日。

報導人周文光，1920 年次，出生地：江西，口述並錄影。採訪日期：
　　2017 年 6 月 17 日。

報導人周張〇蘭，1950 年次，出生地：下大陳，口述並錄影。採訪日期：
　　2016 年 6 月 2 日。

報導人周普法，1921 年次，出生地：下大陳，口述並錄影。採訪日期：
　　2017 年 4 月 7 日。

報導人林春生，1952 年次，出生地：下大陳，口述。採訪日期：2017 年
　　6 月 8 日。

報導人林秋香，1964 年次，出生地：臺灣。電話採訪日期：2017 年 5 月
　　17 日。

報導人林麗珠。電話採訪日期：2017 年 4 月 14 日。

報導人胡乃玉，1949 年次，出生地：下大陳，口述並錄影。採訪日期：
　　2016 年 11 月 11 日。

報導人徐春妹，1954 年次，出生地：下大陳。口述並錄影，採訪日期：
2016 年 6 月 10 日。

報導人張○月，1968 年次，出生地：臺灣，口述並錄影。採訪日期：
2016 年 5 月 22 日。

報導人張貴富，1956 年次，出生地：臺灣，電話採訪。採訪日期：2017
年 1 月 1 日。

報導人張雲萍，1969 年次，出生地：臺灣，口述與錄影。採訪日期：
2016 年 4 月 23 日。

報導人張學壽，1929 年次，出生地：下大陳，口述並錄影。採訪日期：
2016 年 5 月 22 日。

報導人曹秀姣，1969 年次，出生地：臺灣，電話採訪。採訪日期：2017
年 6 月 18 日。

報導人曹○蘭，1971 年次，出生地：臺灣，口述並錄影。採訪日期：
2016 年 9 月 5 日。

報導人曹何青，1926 年次，出生地：下大陳，口述並錄影。採訪日期：
2016 年 7 月 19 日。報導人在 2016 年 12 月辭世，享年 91 歲。

報導人曹淑萼，1958 年次，出生地：臺灣，口述並錄影。採訪日期：
2016 年 12 月 5 日。

報導人曹葉衣，1941 年次，出生地：下大陳，口述並錄影。採訪日期：
2016 年 6 月 8 日。

報導人梁景富，1958 年次，出生地：臺灣，口述。採訪日期：2017 年 4
月 7 日。

報導人陳○娣，1953 年次，出生地：臺灣。口述並錄音，採訪日期：
2016 年 6 月 2 日。

報導人陳永慶，1958 年次，出生地：臺灣，口述並錄影。採訪日期：
　　2016 年 11 月 11 日。

報導人陳秀娘，1964 年次，出生地：臺灣，口述並錄影。採訪日期：
　　2016 年 6 月 22 日。

報導人陳林春嬌，1943 年次，出生地：下大陳，口述。採訪日期：2017
　　年 6 月 23 日。

報導人陳香珠，1945 年次，出生地：下大陳，口述。採訪日期：2017 年
　　6 月 8 日。

報導人陳貴美，1953 年次，出生地：林德官，口述並錄影。採訪日期：
　　2017 年 6 月 17 日。

報導人陳榮傑，1968 年次，出生地：臺灣，口述。採訪日期：2016 年 4
　　月 23 日。

報導人陳聰吉，1964 年次，世代與出生地：旗津，口述並錄影。採訪日
　　期：2016 年 10 月 14 日。

報導人陸友順，1946 年次，出生地：下大陳，口述並錄影。採訪日期：
　　2016 年 6 月 10 日。

報導人曾○花，1928 年次，出生地：下大陳，口述並錄影。採訪日期：
　　2016 年 5 月 22 日。

報導人黃寶貴，1952 年次，出生地：臺灣，口述並錄影。採訪日期：
　　2017 年 6 月 17 日。

報導人楊台生，1961 年次，出生地：臺灣，口述並錄影。採訪日期：
　　2016 年 6 月 10 日。

報導人楊金玉，1921 年次，出生地：紅毛港，口述。採訪日期：2017 年
　　6 月 17 日。

報導人葉○五，1939 年次，出生地：下大陳，口述並錄影。採訪日期：
2016 年 7 月 10 日。

報導人葉○美，1962 年次，出生地：臺灣，口述並錄影。採訪日期：
2016 年 9 月 22 日。收錄未刊稿。

報導人葉冬福，1960 年次，出生地：臺灣，口述並錄影。採訪日期：
2016 年 4 月 29 日。

報導人葉○蓮，1954 年次，出生地：下大陳，口述並錄影。採訪日期：
2016 年 9 月 12 日。

報導人葉瑞元，1956 年次，出生地：高雄阿蓮，口述並錄影。採訪日期：
2016 年 7 月 21 日。

報導人葉薰錦，1943 年次，出生地：臺南新市，口述。採訪日期：2017
年 6 月 17 日。

報導人賈小光，1934 年次，出生地：下大陳，口述。採訪日期：2017 年
6 月 8 日。

報導人賈冬妹，1943 年次，出生地：下大陳，口述並錄影。採訪日期：
2016 年 6 月 2 日。

報導人劉○波，1925 年次，出生地：大陸，口述並錄影。採訪日期：
2016 年 6 月 10 日。

報導人蔡本德，1921 年次，出生地：湖南，口述。採訪日期：2017 年 7
月 11 日。

報導人蔡佳菁，1970 年次，出生地：旗津，口述並錄影。採訪日期：
2016 年 10 月 24 日。

報導人鄧勁伯，1947 年次，出生地：南京，口述與錄影。採訪日期：
2017 年 7 月 10 日。

報導人應〇春，1945 年次，出生地：大陳，口述並錄影。採訪日期：
　　2017 年 7 月 27 日。

報導人應〇蓮，1960 年次，出生地：臺灣，口述並錄影。採訪日期：
　　2017 年 7 月 27 日。

報導人應彩英，1948 年次，出生地：下大陳，口述並錄影。採訪日期：
　　2016 年 7 月 25 日。

報導人戴天來，1952 年次，出生地：臺灣。口述並錄影，採訪日期：
　　2016 年 8 月 4 日。

筆者先父周劍萍，江蘇省宜興縣人，1927-2010，遺囑未刊稿。

薛又堯。來電答覆筆者日期：2017 年 6 月 27 日。

國家圖書館出版品預行編目（CIP）資料

旗津的大陳新村—歷史變遷與認同 / 周秀慧作.
-- 初版. -- 高雄市：高市史博館，巨流，
2018.12
面 ；公分. --（高雄研究叢刊 ；第 8 種）
ISBN 978-986-05-8199-7（平裝）

1. 歷史 2. 人文地理 3. 高雄市旗津區
733.9/131.9/119.2   107022724

高雄研究叢刊　第 8 種

旗津的大陳新村──
歷史變遷與認同

作　　者　周秀慧

發 行 人　楊仙妃
策畫督導　王御風
策畫執行　曾宏民、王興安
編　　輯　莊建華

高雄史料集成編輯委員會
召 集 人　吳密察
委　　員　李文環、陳計堯、楊仙妃、劉靜貞、謝貴文

執行編輯　李麗娟
美術編輯　施于雯
封面設計　闊斧設計

指導單位　文化部、高雄市政府文化局
出版發行　行政法人高雄市立歷史博物館
地　　址　803 高雄市鹽埕區中正四路 272 號
電　　話　07-5312560
傳　　真　07-5319644
網　　址　http:/www.khm.org.tw

共同出版　巨流圖書股份有限公司
地　　址　802 高雄市苓雅區五福一路 57 號 2 樓之 2
電　　話　07-2236780
傳　　真　07-2233073
網　　址　http://www.liwen.com.tw
郵政劃撥　01002323 巨流圖書股份有限公司
法律顧問　林廷隆律師
登 紀 證　局版台業字第 1045 號

　ISBN　978-986-05-8199-7（平裝）
　GPN　1010702671
初版一刷　2018 年 12 月　　　　　　　　　　　　定價：350 元